Erich Fried

Höre, Israel !

AF705022

Seit dem Judenmord des Hitlerfaschismus hat in Westeuropa ein begreifliches kollektives Schuldgefühl oft dazu geführt, daß man sich jede Kritik an Juden verbietet, wobei man noch dazu Juden und Zionisten meist kurzerhand gleichsetzt. Parteinahme für die Zionisten und Kritiklosigkeit gegenüber Israel gelten vielen fast als deutsche Wiedergutmachungspflicht. Erich Fried – nach dem deutschen Einmarsch in Wien 1938 selbst als Jude verfolgt – empfindet außer Solidarität mit allen unschuldig Verfolgten und Benachteiligten auch etwas wie Mitverantwortlichkeit für das, was Juden in Israel den Palästinensern und anderen Arabern antun.

Erich Fried, 1921 in Wien geboren, 1938 nach England geflohen, ist aufgrund seines politischen Engagements eine nicht wegzudenkende Stimme gegen jegliche Form von Unterdrückung.
Er starb am 22. November 1988 in Baden-Baden. Diese Neuauflage erscheint zum 100. Geburtstag am 6. Mai 1921.

Erich Fried

Höre, Israel!

Gedichte gegen das Unrecht

Gedichte und Fußnoten

THEORIE UND PRAXIS

© Theorie und Praxis Verlag, Hamburg 2021
© Abraham Melzer, Neu-Isenburg 2010
© Catherine Fried, London 2010

Umschlagbild: Sima Ssin, 2021
Satz&Layout: Bernhard Heun

ISBN-978-3-939710-40-0

www.tup- verlag.de

Vorwort zur Neuauflage 2021

Heute ist der 9. April, der Tag an dem zionistische Terroreinheiten ein Massaker an der Palästinensischen Bevölkerung von Deir Yassin im Jahre 1948 verübten. Zweihundertvierundfünfzig Bewohner des Dorfes, fast nur Alte, Frauen und Kinder, schreibt Erich Fried, wurden bestialisch hingemordet. Ihre Körper verbrannt oder verscharrt. Das Massaker war ein geplantes Szenario. Die Gräueltaten wurden über Lautsprecher und Radio verbreitet, um so Angst und Schrecken unter den Palästinensern zu verbreiten. Das Ziel war es, so viele Menschen wie möglich in die Flucht zu treiben.

Hunderte von palästinensischen Dörfern verschwanden von der Landkarte Palästinas. Hunderttausende Menschen wurden vertrieben. Ohne das Massaker von Deir Yassin ist die Proklamierung des Staates Israels im Mai 1948 nicht zu denken. In seinem Gedicht „Deir Yassin“ ordnete Erich Fried das palästinensische Dorf in die Geschichte imperialistischer und faschistischer Verbrechen gegen die Menschlichkeit ein: Guernica, das Warschauer Ghetto, Deir Yassin, My Lai.

Im Spätsommer Sommer 1982 schrieb Erich Fried das Gedicht „Nach dem Massenmord in den palästinensischen Flüchtlingslagern Sabra und Shatila“: „Es wird notwendig sein, so wie man den Schutt und die Trümmer von den ermordeten Palästinensern wegfegen muss – um sie freizulegen in Sabra und Shatila – auch den Schutt und die Trümmer von den Hirnen und von den Herzen der Menschen in Europa und Nordamerika wegzufegen, den Schutt und die Trümmer alter Lügen und Vorurteile.

Als ich Erich Fried in dieser Zeit erstmalig auf einem Podium an der Bremer Universität sprechen hörte, zusammen mit Karam Khella, Historiker und Autor des Theorie und Praxis Verlages, empfand ich Welterklärungsansätze, wie ich sie an den Seminaren eben an dieser Universität lernte, als auf dem Denken lastende Trümmer. Sie konnten keine Antwort geben, auf die vor den Augen der Weltöffentlichkeit verübten Kriegsverbrechen: Phosphor-, Splitter- und Vakuumbomben über Beirut und anderen Orten des Libanons. Diese folgten den geflüchteten Palästinensern dorthin, wo sie hofften Schutz zu finden und von aus sie der nicht enden wollenden Vertreibung und Verfolgung widerstanden. Erich Fried schilderte in seinem Gedicht „Diagnose“ wie sich der Phosphor in die Lungen der Menschen Beiruts eingefressen hatte, und (auch nach dem Tod) noch brannte und rauchte. Wie ließ sich diese Aggession unter Einsatz neuester Vernichtungstechnologie mit der Bewegung der Ware auf dem Weltmarkt im Sinne Marxscher Theorie und eines ebenfalls vordergründig ökonomisch abgeleiteten Verständnisses von Imperialismus seitens Lenins oder Vertretern von Weltsystem-, Dependenz und anderen Theorien erklären?

Die bereits im Sommer 1981 einsetzende Aggression gegen die Libanon verlangte nach Theorien und Geschichtsschreibung, wie sie in den Folgejahren in der vom Theorie und Praxis Verlag publizierten Literatur nicht zuletzt von Karam Khella entwickelt wurden. Erich Fried ist die poetisch-widerständische Stimme jener Jahre, der eine antiimperialistische und antizionistische Erinnerungskultur lebendig hält, die heute mehr denn je Gehör verdient hat. Dem Theorie und Praxis Verlag kommt das Verdienst zu, den Gedichtband „Höre Israel!“ anlässlich des 100. Geburtstages von Erich Fried neu zu verlegen.

Wenn wir an die Zeit zwischen „Deir Yassin“ des Jahres 1948, dem israelischen Eroberungs- und Vertreibungskrieg des Sommers 1967, dem fortgesetzten Landraub, den völkerrechtswidrigen Annexionen (Jerusalem, Golan), einhergehend mit Siedler kolonialer Expansion im besetzen Palästina, dem „Schwarzen September“ in Jordanien, den Mordaktionen gegen Stimmen des palästinensischen Widerstandes innerhalb und außerhalb Palästinas, der weltweiten und auch von Erich Fried immer wieder herausgestellten Unterstützung menschenverächtlicher Regime seitens Israels, dann scheint es, als häuften sich die vom Dichter beklagten Trümmer auf den „Hirnen und Herzen der Menschen“ zu einer kaum noch abzutragenden Last. Laufende Kriegsverbrechen und Gräuel stellen immer von Neuem die gerade zuvor verübten in ihren Schatten.

Erich Fried hat wie kein anderer im Deutschen schreibender Dichter diesem System der Vergesslichkeit, welches die in das Ende des 19. Jahrhunderts zurückreichende Siedler kolonialistische Aggression in Palästina als unterschiedliche und unzusammenhängende „Kriege“ aufscheinen lässt, poetisch entgegengewirkt und in einem Zusammenhang mit den imperialistischen Kriegsverbrechen, sei es in Algerien, dem Kongo oder Vietnam gestellt.

Selbst die gar nicht lange zurück liegenden Kriegsverbrechen, wie der Einsatz von Phosphor Granaten über einem der dicht bewohntesten und bis heute unter Blockade gestellten Gaza in Palästina oder das Ermorden von unbewaffneten Demonstrierenden, die in den letzten Jahren immer wieder gegen die Trennungs- und Apartheidmauer anrannten, um sich so ein Recht auf Leben zu erstreiten – all dies wird nun von unverhohlener Kriegsdrohungen gegen den Iran übertönt. Sie und die deutschen U-Boot Lieferungen an Israel, wo sie mit atomaren Marschflugkörpern versehen wurden, beklagte bereits im Jahre 2012 Günther Grass in seinem Gedicht „Was gesagt werden muss". Erich Fried kannte Günther Grass und diskutierte mit ihm.

Nach wie vor beherrscht eine Art Kritikverbot den Deutsch sprachigen öffentlichen Raum, welches bestrebt ist, Stimmen, die Völker- und Menschenrechte „auch" für Palästinenserinnen einfordern, mundtot zu machen. Wieder und wieder wiederholen sich die Muster von Anfeindungen, denen bereits Erich Fried ausgesetzt war. Heute trifft es anerkannte Denker, wie den in Südafrika lehrenden Achille Mbembe, der die gegenwärtigen Apartheid- und Trennungsmauern, sei es in Israel und andernorts in einen übergreifenden Zusammenhang stellte.

Oder, um es mit Erich Fried in seinem Gedicht „Benennungen" zu sagen „Es gibt Sprecher des Westens, die nennen jüdische Antizionisten rote Antisemiten ..." Diffamierungs- und Verleumdungskampagnen, welche mittels Stereotypisierung nicht zuletzt der weltweiten BDS (Boykott, Divestment, Sanctions) Kampagne und der wachsenden weltweiten Solidarität mit dem palästinensischen Volk die Legitimation abzusprechen versuchen. Die BDS Kampagne hat die Anti-Apartheid Bewegung zu ihrem Vorbild, die zum Boykott der rassistischen Herrschaft in Südafrika mobilisierte.

Als Schüler blockierten wir Shell Tankstellen, um auf diese Weise wenigstens einen kleinen Beitrag zum Ende des südafrikanischen Apartheid Regimes beizutragen. Israel hat sein Atomwaffenprogramm mit dem rassistischen Apartheidregime zu Teilen gemeinsam entwickelt und auch Atomwaffentests durchgeführt, wie erst kürzlich bekannt wurde. Die atomare Bedrohung seitens Israels für den Weltfrieden ist die eine Seite, unterhalb deren Schwelle die Völker Palästinas und der Region – der Radius dehnt sich immer weiter aus – seit über 70 Jahren Zielscheibe und Experimentierfeld immer neuer Waffen-, Tötungsinnovationen und Strategien des Aushungerns und der Zermürbung sind. Gegenwärtig vergeht kaum eine Woche, in der nicht Syrien, eine der ältesten Zivilisationen der Menschheit, von Israel angegriffen wird.

Erich Frieds Gedichte verleihen Zuversicht, denn Apartheid, Rassismus und imperialistische Gewaltherrschaft sind nicht von Dauer. Das haben nicht nur die Befreiungskämpfe in Algerien, dem südlichen Afrika, Vietnam und der lange Freiheitskampf in Palästina bewiesen. Auch deshalb beflügelt die widerständische Poesie von Erich Fried eine friedlichere und gerechtere Welt. Im Hier und Jetzt kommt es, um es in den Worten von Erich Fried auszudrücken „nicht darauf an was man ist Moslem, Christ, Jude, Freigeist: Ein Mensch, der ein Mensch ist kann nicht schweigen zu dem was geschieht.“

9. April 2021
Detlev Quintern (Arbeitskreis Palästinastudien im DAVO)

Inhalt

ÜBERSETZUNG EINES GEDICHTES VON MORDECHAY AVI-SHAUL

GEDICHTE SEIT FÜRSTENFELDBRUCK

NEUERE GEDICHTE

Benennungen

1.
Die gestern geschrien haben
„Die Juden sind schuld“
sollen heute nicht schreien
„die Zionisten“

Die geschrien haben
„Die Juden sind schuld“
sind schuld daran
daß die Zionisten schuld werden konnten

Die geschrien haben
„Die Juden sind unser Unglück“
sind das Unglück der Juden
und der Palästinenser geworden

Das befreit nicht die Zionisten
von Schuld an den Palästinensern
und die Juden nicht
von Verantwortung für Zionisten

Aber nicht die sollen heute
die Juden verantwortlich machen
die gestern geschrien haben
„Die Juden sind schuld“

2.
Es gibt Zionisten
die nennen Antizionisten Antisemiten
und es gibt Juden
die den Zionisten das glauben

Es gibt Antisemiten
die nennen Zionisten Bundesgenossen
wenn sie zu Juden sprechen
sonst nur nützliche Juden

Es gibt Sprecher des Westens
die nennen jüdische Antizionisten
rote Antisemiten
wenn sie zu Juden sprechen

Und wenn sie zu Nichtjuden sprechen
nennen dieselben Sprecher
dieselben jüdischen Antizionisten
dreckige rote Juden

3.
Zionisten
mit linkem falschen Bewußtsein
Zionisten
mit rechtem falschen Bewußtsein

Antisemiten
mit rechtem falschen Bewußtsein
Antisemiten
mit linkem falschen Bewußtsein
und Antisemiten
mit zionistischem falschen Bewußtsein

Kein Bewußtsein
das den Antisemitismus
oder den Zionismus
rechtfertigen kann

Einleitung

Dieses Buch wendet sich gegen das Unrecht an den Palästinensern. Es will zugleich dazu beizutragen versuchen, daß die heute in Israel lebenden Juden und ihre Kinder und Kindeskinder wieder auf eine friedliche Zukunft hoffen können. Es wendet sich ebenso gegen den Zionismus wie gegen das Regime in Jordanien oder Saudi-Arabien und gegen alle, die durch Verfolgung von Juden und antisemitische Schikanen den Zionisten Zuzug entwurzelter und verzweifelter Menschen verschaffen.

Warum ich diese Gedichte geschrieben habe, ist so oft gefragt worden, daß hier einige Worte darüber gestattet sein mögen: Nach dem deutschen Einmarsch in Wien, 1938, der mich aus einem Österreichischen Oberschüler in einen verfolgten Juden verwandelte, und nach der Ermordung meines – unpolitischen – Vaters durch Gestapo-Beamte nahm ich mir vor, wenn ich lebend entkäme, zu tun, was mein Vater in den letzten zwölf Jahren seines Lebens vergeblich tun wollte – Schriftsteller zu werden. Ich wollte gegen Faschismus, Rassismus, Unterdrückung und Austreibung unschuldiger Menschen schreiben. Als Flüchtling in England schrieb ich zuerst Gedichte und Prosa gegen das Dritte Reich, in dessen Gaskammern viele meiner Freunde und Verwandten starben, und über Flüchtlingselend und Ausbeutung.

Nach 1945 zeigte sich, daß der Kampf, den ich mir vorgenommen hatte, auch nach dem Zusammenbruch des Dritten Reiches weitergeführt werden mußte, wo Verhaltensmuster ähnlicher Art auftauchten. Es konnte sogar, wie bei den Franzosen in Algerien, geschehen, daß frühere Widerstandskämpfer dahin gerieten, sich nun als Stützen der Kolonialherrschaft Frankreichs ihre alten Todfeinde zum Vorbild zu nehmen und stolz von sich zu erklären, sie seien „so gut wie die Gestapo und die SS“. Solcher Rollentausch, solche Nachahmung der eigenen Mörder, ist psychologisch leicht verständlich, muß aber bekämpft werden. So protestierte ich gegen die Greuel in Algerien, gegen den Vietnamkrieg der Amerikaner, gegen die Konterrevolution in Guatemala und im Kongo, gegen Justizmorde an Schwarzen in den Vereinigten Staaten und an Weißen und Gelben in den letzten Jahren der Stalinära. So kam ich auch dazu, gegen das zu protestieren, was Israelis den Palästinensern und anderen Arabern antaten und immer noch antun. Das fiel mir nicht leicht. Zuerst versuchte ich, meine

Gedanken darüber nur in einigermaßen verschlüsselten Gedichten darzustellen (z. B. im ersten Teil dieses Bandes). Aber der Sechstagekrieg 1967 zwang mich schließlich, auf Verschlüsselungen zu verzichten.

Seit dem Judenmord des Hitlerfaschismus hat in Westeuropa ein begreifliches kollektives Schuldgefühl oft dazu geführt, daß man sich jede Kritik an Juden verbietet, wobei man noch dazu Juden und Zionisten meist kurzerhand gleichsetzt. Ich aber empfinde außer Solidarität mit allen unschuldig Verfolgten und Benachteiligten auch etwas wie Mitverantwortlichkeit für das, was Juden in Israel den Palästinensern und anderen Arabern tun; auch für das, was sie in aller Stille jenen Juden antun, die dagegen kämpfen und protestieren. Zionist war ich nie, religiös nur kurze Zeit als Kind, mein Wirkungsbereich ist durch meine deutsche Muttersprache bestimmt, aber das Schicksal der Juden ist mir keineswegs gleichgültig. Ich hoffe sogar, auch ohne jüdisches Volksbewußtsein oder israelisches Nationalgefühl, sozusagen nebenher, ein besserer Jude zu sein als jene Chauvinisten und Zionisten, die, was immer ihre Absicht sein mag, in Wirklichkeit „ihr Volk" immer tiefer in eine Lage hineintreiben, die schließlich zu einer Katastrophe für die Juden im heutigen Israel führen könnte. Auch dagegen möchten – durch Warnung vor dem Irrweg und durch allerlei Informationen – diese Gedichte kämpfen.

Ein Buch wie dieses kann aber nicht umhin, manchmal selbst ungerecht zu sein, durch polemische Auswahl besonders relevanter Texte, ungerecht z. B. gegen Theodor Herzl und Max Nordau, bei denen sich ja auch humane und liberale Denkansätze fanden, wenn auch überwuchert durch die Grundfehler des politischen Zionismus. Ich kann auch verstehen, daß jeder Vergleich der Untaten des Zionismus mit denen des Nationalsozialismus Empörung auslösen wird. Auch in mir empört sich einiges, wenn ich solche Vergleiche ziehe. Israel hat keine Gaskammern gebaut; auch die Entstehung des Konflikts und die Zahl der bisherigen Opfer entziehen sich dem Vergleich. Aber weil viele Israelis, von einzelnen bis zu Regierungsstellen und militärischen Führungsgremien, deutliche Zeichen des Übernehmens und Weitergebens von Verhaltensmustern ihrer Todfeinde von gestern zeigen, drängt sich dieser häßliche Vergleich manchmal auf und kann auch in den Gedichten nicht ganz fehlen, gerade weil sie verhindern helfen wollen, daß er in der Wirklichkeit immer gültiger und zwingender wird.

Das Anfangsgedicht gibt einen Teil des Themas an und grenzt sich von jedem Antisemitismus ab. Der erste Teil des Bandes heißt Judenfragen. Das sind ältere, schon früher veröffentlichte Verse gegen die Verfolgung von Juden und auch – teils noch verschlüsselt – gegen den fast unmerklichen Rollentausch, der aus Verfolgten Verfolger gemacht hat.

Der zweite Teil, Gefundenes, besteht aus wortwörtlichen Wiedergaben in Fußnoten nachgewiesener Originaltexte. Wortlaut, Sinn und Satzzeichen blieben unverändert, aber die Texte wurden in Verszeilen zerlegt, um so die Einzelheiten ihrer Sätze, vor allem auch ihrer Wortwahl, deutlicher hervorzuheben. Fünf dieser Texte stammen aus Theodor Herzls berühmtem Buch Der Judenstaat, von dem der Altmeister des politischen Zionismus, Max Nordau, gesagt hat: „Der Judenstaat ist der Schlüssel der zionistischen Organisation, des Kongresses, der Kolonialbank, des Nationalfonds, der Palästinaarbeit. Er verhält sich zum Zionismus, wie die platonischen ‚Ideen' zu ihren Verkörperungen in der Welt des Stoffes." Durch Anordnung in Verszeilen und durch kritische Überschriften sollen Vorurteile, zivilisationsbedingte Oberflächlichkeiten, Entfremdungen und Unmenschlichkeiten dieser ‚Ideen' kenntlich gemacht werden, nicht um nach achtzig Jahren Theodor Herzl oder, in den Fußnoten, Max Nordau zu verspotten, sondern um nachzuweisen, wie sehr schon diese alten Grundideen an den Antagonismen der Gesellschaft krankten, in der sie entstanden waren.Da diese Ideen im Zionismus immer noch lebendig nachwirken, ist dies notwendig, um aufzuklären und zu warnen.

Der dritte Teil, Höre, Israel!, ein Zyklus, unmittelbar nach dem Sechstagekrieg 1967 entstanden und zuerst veröffentlicht, wurde seither aber noch korrigiert und überarbeitet. „Höre, Israel!" sind auch die Anfangsworte eines der wichtigsten Gebete der jüdischen Liturgie.

Der vierte Teil, Trockene Gedichte, bedarf kaum einer allgemeinen Erklärung. Einzelerklärungen enthalten die Fußnoten. Das hier und im Rest des Bandes so häufige „ich" ist nicht sosehr dichterischer Ichbesessenheit zuzuschreiben, wie der Überzeugung, daß die Ichform oft weniger anmaßend ist als die Belehrung eines „du" oder gar die Ansprache an eine Mehrzahl „ihr"; anspruchsloser, und häufig die ehrlichste Form für einen Bericht, was man denkt und was man in Erfahrung gebracht hat.

Der letzte Abschnitt des Bandes ist, wie sein Titel Seit Fürstenfeldbruck sagt, entstanden, seit bayerische Polizei auf arabische Fedayin, denen freier Abflug versprochen worden war, das Feuer eröffnet und dadurch auch den Tod ihrer israelischen Geiseln herbeigeführt hat. Die, die in der Bundesrepublik und in Israel an der Aktion von Fürstenfeldbruck Schuld tragen, sind noch nicht zur Verantwortung gezogen worden. Nach Fürstenfeldbruck begann in der Bundesrepublik und in Westberlin eine Zeit der Verleumdung und Verfolgung von Palästinensern und anderen Arabern, die oft mit den gleichen Schimpf reden und falschen Anschuldigungen angegriffen werden, wie zur Hitlerzeit die Juden. Auch das angeblich seit Beginn der Ölkrise neuentdeckte Verständnis für die Palästinenser hat diesen Verfolgungen und Verleumdungen noch kein Ende gemacht.

Die meisten Gedichte dieses Bandes waren 1972 schon vorhanden. Die Schwierigkeiten, ihn zu veröffentlichen, sind zum Teil selbst charakteristisch für die Verschleierung, gegen die diese Gedichte ankämpfen wollen.

Erich Fried, London, Juli 1974

Neuere Gedichte und ein Gedichtzyklus, der in den Tagen nach dem Massenmord von Sabra und Shatila geschrieben wurde, sind in dieser Auflage zum ersten Mal enthalten. Sie zeigen den Libanonkrieg und das, was damit zusammenhängt, sowohl in seinem Vorbereitungsstadium als auch zur Zeit, als er im Gang war.

Meine Haltung zu den Palästinensern hat sich nicht geändert.

Erich Fried, Nachtrag im Sommer 1983

Judenfragen

MARKTTAG

Sie stellen sich an
vor den Tischen
wo Mitschuld verkauft wird
sie zahlen mit Blut
mit ihrem
und auch mit deinem

Ich wende mich ab
und seh
aus dem Augenwinkel
vorn in der Reihe
mich stehen
mit Messer und Krug

Reflexion über die Kollektivschuld – der Deutschen nach dem 2. Weltkrieg, und dann plötzlich auch über die eigene, z. B. als Jude. (Entstanden 1948, veröffentlicht bei Claassen 1958)

WER WEISS ETWAS VON EINEM
(ECHOD MI JODEA)

Eins ist die Einsamkeit
Zwei ist der Zweifel
Drei ist das Dreinschlagen oder das Dreinsichfügen
Selig ist wer nicht bis Drei zählen kann:

Eins ist ihm Eintracht
Zwei ein blühender Zweig
Drei die Dreifaltigkeit
das entfaltete Eine

Zählt der Einfall der Einfalt mehr
die Verzweiflung des Zweiflers
oder die Dreistigkeit
die nicht zahlt, sondern zielt?

Die Egel schwimmen im Wasser
im Grund kriechen Engerlinge
und die Engel verschwimmen über der Luft.

Euch aber ekelt, euch Armen, vor allen drei Reichen.

Engel über dem Ekel, reich mir den Arm
gib mir den Mut zur Armut und auch zum Unmut,
zu den Gedanken, die keiner mir danken wird,
denn ihr Besitz erfüllt das Herz mit Entsetzen.

Ich habe mich nachts zu meinen Ängsten gesetzt,
die sind nun meine engsten Freunde geworden.
Die Sorgen sorgen für mich, das Furchtbare wird mir furchtbar
und der Krieg wird ein Krug, der geht zum Brunnen des Lebens.

„Echod mi jodea“, ein altes hebräisches Lied, antwortet auf die Fragen „Wer weiß etwas von EINEM, von ZWEIEN … usw. „EINS ist unser Gott allein. ZWEI sind die Tafeln des Gesetzes“ usw. (Entstanden 1948, veröffentlicht bei Ciaassen 1958)

DIE HÄNDLER

Sie sind nicht feilschende Juden
und das ist leicht zu erkennen
denn sie leben
und sechs Millionen feilschende Juden sind tot

Sie leben und protestieren:
Man tut uns Unrecht
Es waren nicht sechs Millionen
es waren nur fünfeinhalb

Sie leben und wehren sich
gegen das bittere Unrecht:
Es waren nicht fünfeinhalb
es waren nur fünf

Nur fünf Millionen –
man tut uns millionenfach Unrecht
nur fünf Millionen –
Wer bietet weniger?

Erschienen 1963 in WARNGEDICHTE. Wurde einige Jahre später wieder aktuell, als ein Namensvetter des Autors, Fregattenkapitän Fried, Referent für Öffentlichkeitsarbeit im Bundesverteidigungsministerium, Bonn, erklärte, zur Schaffung „eines neuen Verteidigungsbewußtseins im deutschen Volk" sei es dringlich erforderlich, die deutsche Geschichte neu zu interpretieren, denn „wir können stolz sein auf unsere Geschichte, ohne die drei Millionen vergasten Juden zu verniedlichen." Er meinte vermutlich, er wolle die Vergasung der Juden, deren Zahl er auf drei Millionen reduziert hatte, nicht verniedlichen! Seine Formulierung war eine (verräterische?) Fehlleistung.

Heute wird das Gedicht dadurch aktuell, daß man in Israel versucht, die Zahl der Zehntausende palästinensischer Frauen und Kinder, die seit des Sechstagekrieges 1967 durch Bomben und Napalm umgebracht oder erschossen wurden, ganz ähnlich „herunterzuhandeln".

VERWANDLUNG

Aus meinen Mädchen
werden langsam in drei bis vier Wochen
oder schnell über Nacht
meine Tanten und alten Kusinen

Ich sehe sie ängstlich kauen
an ihren falschen Gebissen
und mit Gichtfingern trocknen
ihr angespucktes Gesicht

Sie kommen mit Koffern und Bündeln
in Theresienstadt an
sie fallen aus dem Fenster
und tappen dabei nach der Brille

Wenn sie sich räkeln im Bett
versuchen sie strammzustehen
um verschont zu werden
bei der Aussonderung der Kranken

Ich sehe sie bläulich verfärbt
wenn ich sie morgens küsse
je sechs gestapelt
mit Gartenschläuchen gereinigt

von Kot und erbrochenem Schleim
bereit zum Transport
aus der Gaskammer
in den Verbrennungsofen

Dieses und das folgende Gedicht(Masada) entstanden 1967 und wurden in ANFECHTUNGEN (Wagenbach 1967) veröffentlicht, gleichzeitig mit dem Schlußgedicht „Höre Israel!“ (ebenfalls in diesem Band), das gegen Israels Sechstagekrieg gerichtet ist.

MASADA

(zerstört 73; ausgegraben 1965)

Töpfe
gekittet
aus unsterblichen Scherben

Eine Sandale
ein Lederbeutel mit Salz
ärmlicher Halsschmuck

Reste von Feigen
Getreide
verfärbten Schriftpergamenten

Am modernsten
die Kinderknochen
und Schädel dazwischen

Zöpfe
noch nicht einmal grau
mit etwas Kopfhaut

Nicht tausendneunhundert Jahre
nur zwanzig Jahre
nur Auschwitz

Masada, alte jüdische Bergfestung, eines der letzten Widerstandsnester der aufständischen Juden gegen die römische Fremdherrschaft. 73 n. Chr. fiel sie nach zweijähriger Belagerung und Aushungerung. Die überlebende Besatzung wurde gekreuzigt.

ÄGYPTEN

Sie haben die wüsten Soldaten ausgesandt
in den Wüstensand
Kein Bote

Und Pharao fuhr
und verrohte Rotten noch mehr
ins Rote Meer

Wer schafft die Sklaven her?
Keine Botschaft
kein Boot

Im Sandmeer
im Meersund
sind meine Söhne tot

BIBELFEST

Seit Moses
gilt es als gut
daß Ägypter
sterben

Ihr Tod
soll gerechte
Strafe
der Krieg gegen sie

soll anders
sein
als alle
anderen Kriege

Das alte
Buch
wird ein Freibrief
für neue Taten

Ins Wasser
und in den Sand
wird die Lüge
geschrieben

Mit der blutigen
Wahrheit
die verdurstet
oder verbrennt

„Bibelfest“ entstand 1967 als Gegengedicht zu „Ägypten“ (1946). Beide aus: BEFREIUNG VON DER FLUCHT, Gedichte und Gegengedichte. Claassen 1968.

FORTSCHRITT

Nach neunzehn Jahrhunderten
wurde in Rom verkündet
daß Israel nicht Kollektivschuld
am Tode Christi trägt

Nun werden auch
die toten Juden erklären:
Wir wurden niemals erschlagen
von Christenhand

Geschrieben 1967 in ANFECHTUNGEN. Dazu siehe das Gedicht: Th. Herzl/ Vorpostendienst und Ehrenwache, ebenfalls in diesem Band.

JUDENFRAGEN

Das leise Lachen
der alten chassidischen Frager
in welcher Betonkammer hat es geendet
in welchem Husten
mit welchen Kristallen
aus welchen Büchsen der Degesch

Und die klugen Witze
mit dem traurigen Achselzucken
(sorgfältig aufbewahrt
von Philosemiten)
wem sind sie zugeteilt worden
zur Wiedergutmachung

Denen die schreien: Uns! Uns!
denen die spielen
Verkehrte Welt und arabische Landeskinder
im Judenland zu Juden der Juden machen
und lachen über sie
und nicht über sich

1. Vers, 6. Zeile: Degesch: „Deutsche Gesellschaft für Schädlingsbekämpfung" Hersteller von Zyklon B für die Gaskammern in den Konzentrationslagern.

Der chassidische Witz war durch Selbstironie („Lachen über sich") gekennzeichnet. Aus: DIE FREIHEIT, DEN MUND AUFZUMACHEN. Wagenbach 1972.

Gefundene Texte

(Dokumente / Zitate in Versen)

(Texte in Verszeilen zu zerlegen, ohne ein Wort zu verändern, bewirkt, daß man beim Lesen genauer sieht, was da eigentlich steht. Auch der zionistische Schriftsteller Martin Buber, der vor seinem Tod von der Praxis des Zionismus tief enttäuscht war, schätzte diese Methode, die hier auf Texte von ihm, von Herzl, Nordau und anderen angewendet wird. Die Gedichtüberschriften sind neu, alles andere ist wörtlich genau beibehalten.)

Zwei Äußerungen Theodor Herzls über die Zukunft der nichtjüdischen Bevölkerung im Judenstaat

1. TAGEBUCHEINTRAGUNG AM 12. JUNI 1895

Die arme Bevölkerung
trachten wir
unbemerkt
über die Grenze zu schaffen

indem wir ihr in den Durchzugsländern
Arbeit verschaffen
aber in unserem eigenen Lande
jederlei Arbeit verweigern.

Die besitzende Bevölkerung
wird zu uns übergehen
Das Expropriationswerk
muß ebenso
wie die Fortschaffung der Armen
mit Zartheit und
Behutsamkeit erfolgen.

Die Immobilienbesitzer
sollen glauben uns zu prellen
uns über dem Wert zu verkaufen
aber zurückverkauft
wird ihnen nichts.

aus: Theodor Herzl, Tagebücher, zitiert nach Arnos Elon, Die Israelis.

2. BRIEF AN JUSSUF ZIAH-EL KHALDI, II. MÄRZ 1899

Wer will sie denn
von dort entfernen?
Ihr Wohlbefinden
und ihr privater Besitz
wird durch uns
doch nur vermehrt.

Glauben Sie daß ein Araber, der in Palästina
Land besitzt oder ein Haus
im Wert von drei- oder viertausend Franc,
es bedauern wird, wenn ihr Wert
um das Fünf- oder Zehnfache steigt?
Aber das wird mit der Ankunft
der Juden bestimmt geschehen.

Wer die Sache
von diesem Standpunkt aus
betrachtet
– und das ist der richtige –
wird unzweifelhaft
ein Freund
des Zionismus.

El-Khaldi, ein liberaler Palästinenser, ehemaliger Bürgermeister von Jerusalem, fürchtete trotz seiner Sympathie für die jüdischen Siedler einen Interessenkonflikt mit der palästinensischen Bevölkerung. Herzls beruhigender Antwortbrief wurde knapp 50 Jahre vor den großen Beschlagnahmungen palästinensischer Häuser und Felder geschrieben.

DIE FORDERUNG DES KOLONISTEN

Man gebe uns
die Souveränität
eines für unsere
gerechten Volksbedürfnisse
genügenden
Stückes der Erdoberfläche,

alles andere
werden wir selbst besorgen

Aus: Theodor Herzl, Der Judenstaat

VORPOSTENDIENST UND EHRENWACHE

Wenn Seine Majestät der Sultan
uns Palästina gäbe
könnten wir uns dafür
anheischig machen
die Finanzen der Türkei
gänzlich zu regeln

Für Europa würden wir dort
ein Stück des Walles
gegen Asien bilden
wir würden den Vorpostendienst
der Kultur
gegen die Barbarei besorgen

Wir würden als neutraler Staat
im Zusammenhang bleiben
mit ganz Europa
das unsere Existenz
garantieren müßte

Für die heiligen Stätten der Christenheit
ließe sich
eine völkerrechtliche Form
der Exterritorialisierung finden

Wir würden die Ehrenwache
um die heiligen Stätten bilden
und mit unserer Existenz
für die Erfüllung dieser Pflicht haften

Diese Ehrenwacht
wäre das große Symbol
für die Lösung der Judenfrage
nach achtzehn
für uns qualvollen
Jahrhunderten

Aus: Theodor Herzl, Der Judenstaat

Der Sultan als Herr des ottomanischen Reiches übte damals die Fremdherrschaft über Palästina und Syrien aus. Auch Herzls Freund, der führende zionistische Ideologe Max Nordau, sah die Zionisten als Vorposten des Sultans gegen die Araber. Er erklärte (Rede auf dem Zionistenkongreß, Basel, 27. Juli 1905):

„Eine Bewegung, die einen großen Teil des arabischen Volkes ergriffen hat, kann leicht eine Richtung nehmen, die auch Palästina berühren würde. Dann würde das Land unserer Väter wieder einmal, wie so oft im Laufe der Geschichte, in den Mittelpunkt des politischen Weltinteresses gerückt sein. Die türkische Regierung würde sich vielleicht in die Notwendigkeit versetzt sehen, ihre Herrschaft in Palästina und Syrien gegen ihre eigenen Untertanen mit der Waffe in der Hand zu verteidigen. Die europäischen Mächte würden in die schwere Verlegenheit kommen, die jedesmal eintritt, wenn die bestehende Ordnung in einem Lande bedroht ist, an dessen Grenzen ihre gegenseitige Eifersucht Wacht hält. Bei dieser Sachlage könnte es dann der türkischen Regierung einleuchten, daß es für sie von außerordentlichem Wert wäre, in Palästina und Syrien ein zahlreiches, kräftiges und wohlorganisiertes Bevölkerungselement zu besitzen, das bei voller Achtung der Rechte der vorgefundenen Bevölkerung keine Angriffe auf die Autorität des Sultans dulden, sie vielmehr mit dem Aufgebot aller Kräfte verteidigen würde. Auch Europa würde es wohl als einen ihm geleisteten Dienst ansehen, wenn das jüdische Volk durch seine friedliche, doch energische Besetzung Palästinas gewaltsame Änderungen der dortigen Souveränitätsverhältnisse verhüten und durch eine Intervention der Mächte überflüssig machen würde, deren Gefahren der Diplomatie nur zu bekannt sind.“

FRÖHLICHE JAGD

Will man heute ein Land gründen
darf man
es nicht in der Weise machen
die vor tausend Jahren die einzig
mögliche gewesen wäre

Es ist töricht
auf alte
Kulturstufen zurückzukehren
wie es manche
Zionisten möchten

Kämen wir beispielsweise
in die Lage ein Land
von wilden Tieren zu säubern
würden wir es
nicht in der Art der Europäer
aus dem fünften Jahrhundert tun

Wir würden nicht
einzeln
mit Speer und Lanze
gegen Bären ausziehen
sondern

eine große fröhliche Jagd
veranstalten
die Bestien zusammentreiben
und eine Melinitbombe
unter sie werfen

Aus: Theodor Herzl, Der Judenstaat

Herzls Meinung, daß man in alten Zeiten in der Regel einzeln auf Bärenjagd ausgezogen sei, ist absonderlich. Dafür ist seine Vorstellung von einer „grossen fröhlichen Jagd“ mit Bomben auf die zusammengetriebenen Opfer in mehr als einer Hinsicht geradezu prophetisch.

DEMOKRATIE UND ANDERE ZU VERMEIDENDE FEHLER

Die Demokratie
ohne das nützliche
Gegengewicht eines Monarchen
ist maßlos
in der Anerkennung
und in der Verurteilung

führt zu
Parlamentsgeschwätz
und zur häßlichen
Kategorie der
Berufspolitiker

Auch sind die jetzigen Völker
nicht geeignet
für die unbeschränkte Demokratie
und ich glaube sie werden
zukünftig immer weniger
dazu geeignet sein

Darum denke ich mir
eine aristokratische Republik
Das entspricht auch
dem ehrgeizigen Sinne unseres Volkes
der jetzt zu alberner Eitelkeit entartet ist

Manche Einrichtung
Venedigs
schwebt mir vor
aber alles woran
Venedig zugrunde ging
ist zu vermeiden

Aus: Theodor Herzl, Der Judenstaat

VON OBEN HERAB GEREGELTER FREIER AUFSTIEG

Politik muß
von oben herab
gemacht werden

Im Judenstaate
soll darum
doch niemand geknechtet werden

denn jeder Jude
kann auch aufsteigen
jeder wird aufsteigen wollen

So muß ein gewaltiger Zug
nach oben
in unser Volk kommen

Jeder einzelne wird
nur glauben sich selbst zu heben
und dabei wird die Gesamtheit gehoben

Das Aufsteigen ist in sittliche
dem Staate nützliche
der Volksidee dienende Formen zu binden

Aus: Theodor Herzl, Der Judenstaat

ENDE EINES BRIEFS AN WILHELM II. (22. OKT. 1897)

Unsere heute schon weit verbreitete
Bewegung hat überall einen erbitterten Kampf
mit den Umsturzparteien zu bestehen
die in ihr mit Recht einen Feind wittern

Wir brauchen eine Ermuthigung
wäre es auch
nur eine sorgfältig
geheimzuhaltende

Ich setze alle Hoffnung
auf den Kaiser
der mit weltweitem Blick
über die Meere schaut

und von dessen Thaten die Geschichte
gerade diejenigen am höchsten preisen wird
die von den kleinen Leuten der Gegenwart
nicht verstanden werden

Wann und wo immer Ew. Majestät
mich zur Audienz befehlen
werde ich unverzüglich
zur Stelle sein

Ich verharre in tiefster Ehrfurcht
Ew. Kaiserlichen Majestät gehorsamst ergebener
Dr. Theodor Herzl
Wien, IX. Berggasse 6

1. MAX NORDAU: AUS DER TRAUERREDE AUF HERZL, BASEL, 27. JULI 1905

Er empfand sein Blut
als ein kostbares Erbe
seine Herkunft
als eine Auszeichnung

Wenn er erhobenen Hauptes
vor den größten Herrschern
der Erde stand
und ruhig mit ihnen sprach
so war dies weder Dreistigkeit
noch Mangel
an Verständnis für Proportion
sondern die Wirkung
der ihn beherrschenden
Vorstellung daß
zwölf Millionen Adelsmenschen
hinter ihm standen
die ihm ihre
Vertretung anvertrauten
und für die er
sich nichts vergeben durfte

2. PROF. OTTO WARBURG: AUS DEM VORWORT ZUR NEUAUSGABE VON HERZLS „JUDENSTAAT“ 1918

Während der Schöpfung
der Grundlagen
seines „Judenstaates“
durchschauerte ihn die Idee
seiner Mission
zur Rettung des Judentums

damals
im Juni 1895
erhielt er
die Weihe
der Führerschaft
und reifte zum Vorkämpfer

EMANZIPATION MIT FALSCHER STOSSRICHTUNG

(aus Max Nordaus I. Kongressrede, Basel, 29. August 1897)

„Wir Juden sind eine edlere Rasse als die Neger.“
Pinsker, Autoemanzipation

Fleißiger
und anschlägiger
als der Durchschnitt
der europäischen
Menschen
von trägen Asiaten und
Afrikanern
nicht zu sprechen
ist der Jude
zum äußersten
Proletarierelend
verurteilt
weil ihm nicht gestattet wird
seine Kräfte
frei zu gebrauchen

MAX NORDAUS ALLEINVERTRETUNGSANSPRUCH DER ZIONISTEN FÜR DAS JUDENTUM

(2. Kongressrede, Basel, 28. August 1898)

Die jüdischen Gegner des Zionismus aber
und wären sie heute noch so zahlreich
sind bestimmt
als Juden zu verschwinden
Wahrscheinlich ist dies
ihr geheimer Herzenswunsch
Er wird
sicher erfüllt werden
Darum ist es unzulässig
daß man von einer
zionistischen Partei
im Judentum spricht

Wir weisen diese Bezeichnung
mit Spott und Verachtung zurück
Die Zionisten sind keine Partei
sie sind das Judentum selbst

Ihre Zahl
Ihre heutige Zahl
tut nichts zur Sache
Der Same der gewaltigsten Linde
ist ein ganz kleines Gebilde
aber er ist die Zusammenfassung
der ganzen Lebenskraft
des Baumes
das Ziel aller seiner
organischen Anstrengungen

Die Linde lebt in Ihrem Samen
nicht in Ihrer Holz- und Bastmasse weiter
Alles was im Judentum
lebendig ist
was ein jüdisches Ideal
was Manneswürde
was Entwicklungsfreudigkeit hat
das ist zionistisch

MAX NORDAU ÜBER DIE EUROPÄISCHE SENDUNG DES JUDENSTAATES

(aus seiner VIII. Kongressrede, Haag, 14. August 1907)

Das Wort Asiatentum
macht uns keine Angst
denn das Beispiel
des japanischen Volkes lehrt
daß man sehr wohl Asiate
und gleichzeitig
höchst fortschrittlich sein kann

Tatsächlich aber sind wir
unseres
zweitausendjährigen Europäertums
so sicher
daß wir über die Neckerei
wir würden in Palästina Asiaten werden
lächeln dürfen

Wir würden dort so wenig Asiaten im Sinne
anthropologischer und kultureller
Minderwertigkeit werden
wie die Angelsachsen in Nordamerika Rothäute
in Südafrika Hottentotten
und in Australien
Papuas geworden sind

Wir würden uns bemühen
in Vorderasien zu tun
was die Engländer in Indien getan haben
– ich meine die Kulturarbeit
nicht die Herrschaft –
Wir gedenken
nach Palästina
als Bringer von Gesittung zu kommen
und die
moralischen Grenzen Europas
bis an den Euphrat
hinauszurücken

DREIMAL MARTIN BUBER, EINMAL GOLDA MEIR ÜBER DIE PALÄSTINENSER

1.
An den palästinensischen Arabern
mag uns allerlei nicht gefallen
(mir gefällt in anderer Weise
an uns allerlei nicht)
wir dürfen doch die Tatsache
nie aus den Augen verlieren
daß die Verbundenheit mit dem Land bei ihnen
– bei uns noch lange nicht – eine vitale
ja vegetative Gestalt
die Gestalt der unreflektierten
Selbstverständlichkeit angenommen hat

Sie – nicht wir – besitzen
etwas was man
die palästinensische Form nennen darf
Die Lehmhütten der Fellachendörfer
sind aus diesem Boden geschossen
die Häuser von Tel-Awiw
sind ihm aufgesteckt

Die Verneigung Abrahams
mit der er
die Vorüberziehenden ins Haus lädt
können wir heute
noch anschaun
aber nicht in unseren Kreisen

2.
Darüber hinaus jedoch ist der Begriff
der Künstlichkeit
der palästinensisch-arabischen Nationalbewegung
überhaupt fragwürdig

Sowie man historisch denkt
also von der Entwicklung
der gesamtarabischen Selbständigkeitstendenz ausgeht
die je nach den politischen Voraussetzungen
der einzelnen Länder verschiedene Formen
und Kampfrichtungen annimmt versteht man auch
die innere Umwandlung
die sich in Palästina vollzogen hat
als eine dieser territorialen Teilbewegungen

3.
Wir haben in Palästina
nicht mit den Arabern
sondern neben ihnen gelebt

Das Nebeneinander
zweier Völker auf dem gleichen Territorium
muß aber
wenn es sich nicht zum Miteinander entwickelt
zum Gegeneinander ausarten
So droht es auch hier zu geschehen

Zum bloßen „Neben" führt kein Pfad zurück
Aber zum Mit kann
so groß sich auch
die Hindernisse
aufgetürmt haben
immer noch
vorgedrungen werden

4.
Golda Meir erklärte in einem Interview:
So etwas wie Palästinenser
gab es überhaupt nicht

Die Schreibweise Tel-Awiw (statt:Tel Aviv) stammt von Martin Buber. Zitiert wird Buber aus: Rede am 31. Oktober 1929 (aus: Kampf um Israel, Schocken Verlag, Berlin 1933).
Golda Meir wurde zitiert nach dem Interview in der Sunday Times vom 15.6.1969.

GEISTLICHER BEISTAND
aus dem Blatt des Armeerabbinats

Wir müssen eine weitverbreitete Meinung widerlegen
die von Israels Feinden bis heute ausgenutzt wird –
daß nämlich in alter Zeit die jüdische Religion
den Tod der Kanaaniter befohlen habe.
Die Bibel ist ein zusammengehöriges Ganzes
und es ist unrecht ein zwei Sätze herauszureißen
um Dinge zu „beweisen" die es nie gab.

Denn es heißt im 2. Buch Mose (30/31):
„Und ich will deine Grenze setzen von dem Schilfmeer
bis an das Meer der Philister und von der Wüste
bis an den Strom. Denn ich will dir in deine Hand geben
die Einwohner des Landes daß du sie
sollst ausstoßen vor dir her"

Dieses Zitat nennt ausdrücklich
Austreibung, nicht Ausrottung. Die Austreibung in alter Zeit
hat ihr modernes Gegenstück in den Worten
Bevölkerungsaustausch und Bevölkerungsverpflanzung.
Sie ist also eine friedliche Lösung für einen
Streit um ein Land dessen andere Alternative
die Vernichtung der einen Seite ist.

Die Bibel verbietet ausdrücklich rücksichtslose
Austreibung der Kanaaniter: Wir müssen
eine geordnete und humane Verpflanzung durchführen
nicht plötzlich, nein über relativ lange Zeit hin.
Sie muß auf die Fruchtbarkeit des Volks Israel Rücksicht nehmen
und auf seine Fähigkeit die Ausgesiedelten
zu ersetzen, daß nicht das Land wüst und wild wird.

Denn es heißt im 2. Buch Mose (20/30):
„Ich will sie nicht in einem Jahr ausstoßen vor dir,
auf daß nicht das Land wüst werde
und sich wilde Tiere gegen dich mehren.
Einzeln nacheinander will ich sie vor dir her ausstoßen
bis daß du wächsest und das Land besitzest."

Die Araber die dieses Land heute bewohnen
sind ihm und seiner Bestimmung im Wesensgrund fremd
und man soll darum mit ihnen verfahren
nach den Regeln die für die Fremden in alter Zeit galten.
Unsere Kriege mit ihnen waren so unvermeidlich
wie in alter Zeit unsere Kriege mit denen
die wohnten in unserem Land zu ihrem eigenen Zweck.

Es ist unmöglich mit den Arabern längere Zeit zu leben
denn ihr Denken und ihre Gebete ihr Wollen und Ausblick
sind auf Mekka gerichtet, doch das der Israelis
ist ausgerichtet auf Jerusalem.
Nur die nach Jerusalem blicken, sind die wahren Söhne des Landes
doch die nach Mekka blicken, für die ist Arabien die Wahrheit.
Die Lage ist eindeutig und ihr Ergebnis ist klar.

Shraga Gafni, in MAHANAIM (April 1969, S. 168), der offiziellen Zeitschrift des israelischen Armeerabbinats. Wörtliche Übersetzung, nur in Verszeilen arrangiert.

DIE MEXIKANER IN SINGAPUR

Wenn die Kommunisten Kuba im Sinne haben,
zeigen Lee und seine Regierung deutliches Interesse
am Vorbild Israel. So war es kein Zufall,
daß bald nachdem die Regierung daran ging
Singapurs eigene Armee ins Leben zu rufen,
eine Gruppe von Instrukteuren aus Israel eintraf
(aus diplomatischen Gründen in diesem sensitiven
islamischen Gebiet meist Mexikaner genannt).
Um aber das religiöse Gleichgewicht zu wahren
gab Lee einem Priester, einem Jesuiten, den Auftrag
den Verhaltenskodex für die Streitkräfte auszuarbeiten.
Dieser legt nun deutlich und unmißverständlich
die hohen Maßstäbe fest, die die neue Armee verlangt.

Wörtliche Übersetzung eines Absatzes gegen Ende des Artikels „Singapore: A Southeast Asian Israel or a Cuba?“ von Denis Warner. (Solidarity November/ Dezember 1967. Solidaridad Publishing House, Manila, Philippinen.)

Solidarität ist für diese „Zweimonatszeitschrift für laufende Affairen, Gedanken und schöne Künste“ die Solidarität gegen die rote Gefahr. Denis Warner wird als „altgedienter australischer Journalist und Spezialist für Südostasien“ vorgestellt. Er hofft in diesem Artikel, Singapur werde – wie Israel- ein Bollwerk des Westens werden. Seither haben die Israelis in vielen Ländern die amerikanischen „Berater“ und „Sachverständigen“ ersetzt; zuweilen, wie in Singapur, unter falscher Flagge.

ANTWORTEN AUS ISRAEL

auf die Feststellung „die neue Qualität des Lebens in Israel beruht auf dem unendlichen Elend der vertriebenen Palästinenser“

Was geht das uns an?
Lang genug hat man uns getreten
Jetzt haben endlich wir die besseren Karten
Sollen sich doch ihre Brüder um sie kümmern!
Wer hat denn uns geholfen
als es uns an den Kragen ging?
Keiner. Und man kann sie nicht einmal tadeln:
So ist die Welt. Aber dann wollen auch wir uns
genauso verhalten: Jetzt endlich trifft es die andern
nicht immer uns. Man macht uns das Leben auch so schon
schwer genug – und dann noch Moralvorschriften!
Solln sie sich lieber ihre eigenen Länder ansehn,
die großen Mächte, bevor sie uns kritisieren.
Da wird einem schlecht davon, was man bei denen sieht.
Gewiß auch bei uns gibt es Härten
doch die Araber wolltens nicht besser:
Sie haben sich das nur selbst zuzuschreiben. – Und dann:
Noch alle Reiche wurden auf Knochen gebaut
Warum sollen wir immer besser sein als die andern?

Und laßt uns in Frieden mit dem Elend der Palästinenser!
Ihre Lager läßt man nur so als Anklage gegen uns.
Manche von diesen arabischen Ländern sind reich:
Mit ihrem Erdöl könnten sie schon etwas stiften.
Man muß nur sehen wie Juden in aller Welt
uns unterstützen und unseren Kampf finanzieren.
Also entweder liegt diesen Arabern nichts aneinander
oder die Palästinenser in ihren Lagern
sind so fanatisch daß sie eigens so hausen
um dadurch uns einen schlechten Namen zu machen.
Lernt erst einmal die Araber kennen wie wir
dann werdet ihr weniger Mitleid haben.

Ein Gedichtzyklus zum Sechstagekrieg 1967

HÖRE, ISRAEL

1.
Nicht als Fremder und nicht als Feind
von Haß gegen euch entzündet
ich spreche als einer von euch
der auch Irrwege kennt

In den Gaskammern und in den Öfen
wo eure Familien vergingen
wurden auch meine Verwandten
vergast und verbrannt

Seither kämpfe ich gegen das
was dahin geführt hat
gegen die Mächte
die Hitler zur Macht verhalfen

Sie sind noch nicht verschwunden
von dieser Erde
und was tut i h r?
Ihr laßt euch von ihnen fördern

2.
Sie wollen das gleiche von euch
was sie von Hitler wollten:
Ihr sollt Vorposten sein
für ihre Ordnung der Welt

Darum muß ich das Bittere sagen
in eure Ohren
die ihr im Unrecht verstopft
wie zur Zeit der Propheten

Auch wenn es bitter schwer ist
auch wenn ihr es mit Bitterkeit heimzahlt
aber ihr sollt nicht sagen können
das sagten euch nur eure Feinde

und später soll es nicht heißen;
Zur Zeit als die Juden noch siegten
sprach keiner von ihnen
gegen ihr eigenes Unrecht

3.
Ihr habt in Europa
die Höllen der Höllen erlitten
Verfolgung Vertreibung
langsamen Hungertod

die Gewalt der Mörder
die Hilflosigkeit eurer Schwäche
die Urform des Unrechts
das nichts als die eigene Macht kennt

Ihr habt eure Henker
beobachtet und von ihnen
den Blitzkrieg gelernt
und die wirksamen Grausamkeiten

Was ihr gelernt habt
das wollt ihr jetzt weitergeben
Kinder der Zeit des Unrechts
erzogen in seinem Bild

4.
Ihr seid tüchtige Pflanzer geworden
ihr habt die Wüste bewässert
doch die Armen die vor euch dort wohnten
die habt ihr weggedrängt

Eure Gönner die Saatgut schickten
und Geld für euere Arbeit
und Waffen für euere Macht
sehen: die Saat geht jetzt auf

Nicht nur Pflanzen:
An Stelle des ungerechten
Hasses der euch verfolgt hat
sät ihr heute gerechteren Haß

Ich wollte nicht
daß ihr im Meer ertrinkt
aber auch nicht daß andre durch euch
in der Wüste verdursten

Als ihr verfolgt wurdet
war ich einer von euch
Wie kann ich das bleiben
wenn ihr Verfolger seid?

5.
Ihr habt nicht von den Völkern gelernt
sondern von ihren Herren
Ihr seid nicht mehr Opfer der andern:
ihr selbst wollt andere opfern

eurer vergänglichen Macht
von der ihr glaubt sie genügt
um den Armen ihr Land zu nehmen
auf dem sie saßen

6.
Ihre Gesichter
sind euren Gesichtern ähnlich
ihre Sprache
ist eurer Sprache verwandt

Auch sie taten manchmal Unrecht
Nicht alles ist schwarz oder weiß
Ihr beide seid gebrannt
von der selben Sonne

Aber euer Unrecht war größer
denn ihr habt euch Land geben lassen
von denen die kein Recht hatten
es euch zu geben

Zwar ihr selbst wart bedrückt wo ihr herkamt
mehr als andere Kolonisten
doch die Armen im Land das ihr nahmt
waren nicht schuld daran

Zwar ihr selbst wart arm
aber immer noch reich gegen die
deren Boden ihr kauftet
fast wie Yankees einst den der Indianer

7.
Kehrt um! kehrt um!
Die euch Geld oder Waffen gaben
werden nicht immer da sein
um euch zu schützen

Umkehren wird nicht leicht sein:
Der Haß der Armen lebt lange
und viele wünschen euch das
was einst ihr euren Peinigern wünschtet

Doch euch bleibt kein anderer Weg
euch die Zukunft zu öffnen
wenn es nicht eine Zukunft
der ewig Verhaßten sein soll

Kehrt um! kehrt um!
Die euch Geld oder Waffen geben
brauchen euch nur als Söldner
gegen die Zukunft

gegen das Ende der Ausbeutung
gegen die Hoffnung der Armen
gegen die Völker
die eure Brüder sein sollten

8.
Zwar unter denen sind solche
die haben gerufen:
„Alle Juden ins Meer!“
Das sind keine Stimmen der Zukunft

Aber vergeßt nicht
es sind nicht alle dasselbe
so wie auch bei euch nicht alle
dasselbe denken

In Ägypten und Syrien
waren andere Kräfte am Werk
als in den Palästen
Arabiens oder Jordaniens

9.
Die Könige riefen zum Haß auf
Sie kennen kein anderes Mittel
ihre Untertanen
anzustacheln zum Kampf

doch auch die Feindschaft der anderen
habt ihr erworben
Ihr seid nicht schuldlos daran
daß sie gegen euch sind

Und vergeßt auch nicht:
In New York in Hamburg und London
schrieben die Zeitungen
freundlicher über die

aus deren Ländern die Rufe
zum Völkermord kamen
über Feisal und Hussein
als über Ägypten und Syrien

Denn die Könige wollen sie stützen
aber die Länder die sich mühsam
hintasten zum Sozialismus
zu Falle bringen

Und dazu sollt ihr ihnen dienen
mit Haut und Haaren
mit eurem ganzen Vermögen
von dem sie euch etwas ersetzen

10.
Wenn ihr euch nicht zu gut seid
für diese Rolle
nicht zu tüchtig und nicht zu klug
nicht zu menschlich und unabhängig

dann werdet ihr abhängen
von den dürren Trägern des Unrechts
wie ein Gehenkter abhängt
von seinem Galgen

als warnendes Beispiel
wohin die Tapferkeit führt
und die Tüchtigkeit wenn sie verführt ist
dem Unrecht zu dienen

11.
Ich sage das nicht für die
die euch immer schon Feinde waren
und nur neue Vorwände suchen
für ihren alten Haß

auch nicht für die unter euch
die lernten von ihren Hassern
sich selbst zu hassen
oder sich häßlich zu finden

Doch ich sage das gegen die
die sich heute erschaffen wollen
nach dem Ebenbild ihrer Vernichter
um selbst Vernichter zu werden

denn wenn die euch beherrschen
vernichten sie trotz ihrer Siege
zuletzt sich selbst
wie das eure Vernichter taten

Und ich sage das auch
gegen die falschen Freunde
die eure Not benützen
um euch tiefer in Schuld zu verstricken

Gegen die die euch vortreiben wollen.
bis es zur Umkehr zu spät ist
um ihre Zwecke zu fördern
mit eurem Blut

12.
Ihr habt die überlebt
die zu euch grausam waren
Lebt ihre Grausamkeit
in euch jetzt weiter?

Eure Sehnsucht war so zu werden
wie die Völker Europas
die euch mordeten
Nun seid ihr geworden wie sie

Den Geschlagenen habt ihr befohlen:
„Zieht eure Schuhe aus!“
Wie den Sündenbock habt ihr sie
in die Wüste getrieben

in die große Moschee des Todes
deren Sandalen Sand sind
doch sie nahmen die Sünde nicht an
die ihr ihnen auflegen wolltet

Der Eindruck der nackten Füße
im Wüstensand
überdauert die Spur
eurer Bomben und Panzer

Zahllose kriegsgefangene Ägypter mußten im Sechstagekrieg, Juni 1967, ihre Schuhe ausziehen und wurden dann von den Israelis in die Wüste geschickt, sie mögen heimgehen, woher sie gekommen seien. Ohne Schuhe im brennenden Sand gingen die meisten elend zugrunde.

Zionistische Sprecher leugneten später diesen „Zwischenfall", der aber während des Sechstagekrieges in englischen und bundesdeutschen Fernsehtagesschauen zu sehen war. Ein Foto, das den Vorgang zeigt, erschien im zionistischen Sammelband THE SIX DAY MIRACLE in USA, nachgedruckt in Konkret, Hamburg, 25.8.1969. Weitere Fotoberichte darüber u. a. in Paris Match, 24.6.67, Life 30.6.67, L'Europeo, 29.6.67.

Trockene Gedichte

DEIR YASSIN

Ich habe gelesen
vom Palästinenserdorf Deir Yassin
Zweihundertvierundfünfzig
fast nur Frauen und Kinder und Alte
die ermordet wurden
von den Einheiten Lechi und Etzel
unter Joschua Zetler
und Mordechai Ra'anán

Aber es fällt mir schwer
mir ein Bild zu machen
Und ich will mir ein Bild machen
um es nicht zu vergessen
um es im Kopf zu haben
dort wo es hingehört

Wohin gehört Deir Yassin
in meinem Kopf?
Es gehört zu Guernica
und zum Warschauer Ghetto
Es gehört zu Lidice
und zu Oradour
Es gehört zu My Lai
und zu Bin-Du-Ong in Vietnam

Wenn ich das Bild
des jüdischen Jungen sehe
der vergeblich die Hände hochhob
am Ende des Warschauer Ghettos
dann brennen mich meine Augen
Ich habe die Bilder der Kinder
von Deir Jassin nicht gesehen
Ich weiß nicht einmal
ob Israels Krieger
das Fotografieren erlaubten

Waren das andere Kinder?
Ich glaube nicht
Ich glaube die Bilder aus Warschau
und die brennenden Hütten in Vietnam
stellen mein Bild zusammen
von Deir Yassin

Wir Juden sind groß
so groß wie die größten Völker
Wir haben Marx und Heine
und Freud und Einstein
Wir haben Meir-Har-Zion
den großen Arabertöter
und Mordechai Ra'anän
und Joschua Zetler
die Sieger von Deir Yassin
die jeden Vergleich bestehen
mit Leutnant William Calley
dem Besieger des Dorfes My Lai.
und Jürgen Stroop, SS
dem Besieger des Warschauer Ghettos

Jürgen Stroop ist gehenkt worden
aber Joschua Zetler hat später
gesagt von Deir Yassin:
„Diese Aktion
war ein Wendepunkt in unseren Kämpfen.
Sie hat den Arabern
Todesangst eingejagt
und ihre Moral untergraben
und so geholfen
Tiberias zu erobern
und Haifa und zehn oder zwanzig
arabische Dörfer deren Bewohner alle
davonliefen: Deir Yassin
hat viel jüdisches Blut gespart"

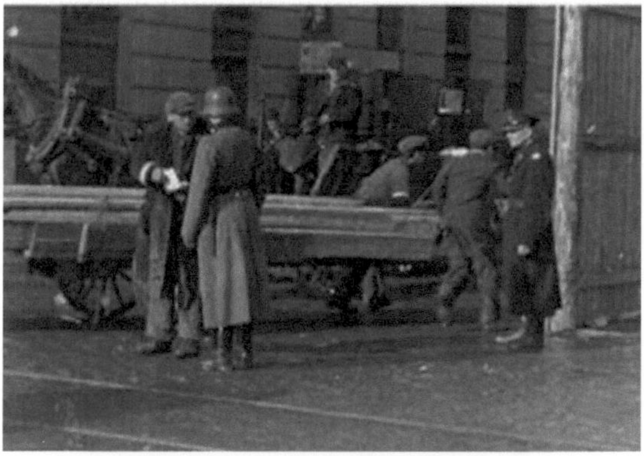

KLAGE UM DIE MÄNNER

Warum klagt ihr nur um die Kinder
und um die Frauen?
Warum fragt ihr nicht: Wo
sind unsere Männer geblieben
die lebhaften jungen
und die erfahrenen alten?
Denn ohne die Männer können
auch Frauen und Kinder nicht leben
Warum klagt ihr nur um die Kinder
und um die Frauen?

Oft haben sie nur
unsere Männer genommen
und niemand mehr hat sie gesehen
und nichts mehr hat man gehört
Manchmal zwar
hat ihnen das nicht genügt
und sie haben
auch Frauen und Kinder getötet
Aber öfter haben sie sich
mit unseren Männern begnügt

Warum klagt ihr nur um die Kinder
und um die Frauen?
Glaubt ihr wer Herz hat für uns
hat nur Mitleid mit Frauen und Kindern?
Glaubt ihr der Feind hat genug
Mitleid mit Frauen und Kindern
und nicht nur die Achseln zu zucken
bevor er weiterschießt?
Warum klagt ihr nur um die Kinder
und um die Frauen?

EINIGE VON IHNEN

Zwischenfälle Ortsnamen Jahreszahlen
Deir Yassin – bis 1948
ein palästinensisches Dorf
dann 350 Tote
(nach israelischen Quellen nur 254)

Quibia am 14.10.53
Das ganze Dorf
Frauen und Kinder und Männer
Vergeltung für eine jüdische Frau und zwei Kinder
ermordet in Jahud
nach deren Mördern sogar schon
Glubb Pascha und die jordanischen Behörden
suchten und um die Hilfe Israels baten
Die Hilfe Israels war was mit Quibia geschah

Kafr Kassem 1956
Curfew, Ausgehverbot, verkündet mitten am Tag
Die Bauern waren schon draußen auf ihren Feldern
Sie wußten nichts vom Ausgehverbot und sie kamen
zurück von der Arbeit – da stellte man sie an die Wand
56 Menschen – Es erforderte mehrere Salven

Bahr Al Baquar 1970
Die Schule war groß, die einzige weit und breit
überfüllt mit Kindern
ein Volltreffer für die Bombe
niemand weiß genau wieviel Kinder es waren.
Dann waren nicht mehr viel Kinder
in der Gegend von Bahr Al Baquar

Und Abu Saabal 1970
70 Arbeiter bei einem Luftangriff
Und Nähr el Barid 1972
wieder tote Kinder im zerschossenen Flüchtlingslager
Und 1972 auf der Straße nach Juwayeh
im südlichen Libanon, das zerdrückte Taxi
überrollt von einem israelischen Panzer:
sieben Zivilpersonen –
ein Kind von acht Jahren

Zwischenfälle
Alles nur Zwischenfälle
Terror ist das
was Palästinenser tun

BEFRAGUNG EINES WORTES

Zwischenfälle
denen Menschen
zum Opfer
fallen

Zwischen wem
und wem
fallen
die Menschen?

Wer opfert sie
und
wem werden sie
geopfert?

mit welchen Opfergeräten
von wem geliefert
von wem instandgehalten?
Wer zahlt dafür?

Wenn das nicht beantwortet wird
ist das Wort Zwischenfall
eine Falle die uns gestellt ist
zwischen jede Frage und Antwort

ERINNERUNG AN DIE EINHEIT 101

Es ist nicht wahr
weil es nicht wahr sein darf
daß es je
eine EINHEIT 101 gab
die von Israel aus
über die Grenzen ging
und Araber tötete
Männer Frauen und Kinder

Es darf nicht wahr sein
daß Medizinstudenten
in Israel
denen die Orthodoxen
das Beschaffen von Leichen
zum Sezieren zu schwer gemacht hatten
Leichen bestellten
bei der EINHEIT 101

Es darf nicht wahr sein daß
der jordanische Offizier
dessen Erschießung man zugibt
in Wirklichkeit
ein libanesischer Arzt war
(Dr. Manzour unterwegs zu einem Patienten)
der Meir und Schlomoh
vergeblich bat um sein Leben

Von der EINHEIT 101
hat die Armee keine Kenntnis
obwohl die Einheit
jeden Streifzug im Vorhinein
dem Distriktkommando gemeldet hat
um bei der Rückkehr
nicht unters Feuer
der eigenen Leute zu kommen

Übersetzung des hebräischen Textes auf Seite 83:

Einheit 101

von Uri Mielstein

Nach zwei Stunden nahmen sie das Geräusch eines nahenden Fahrzeugs wahr. Es vergingen zwei Minuten und man sah die Lichter. Der Wagen näherte sich vorsichtig aus Angst vor einem Abrutschen. Es war eine Luxuslimousine der Armee. Meir stand mitten auf der Strasse und erhob seine rechte Hand. Das Fahrzeug bremste und rutschte ein wenig auf die Seite. Meir trat an das Fahrzeug, öffnete die Tür und sagte dem Fahrer, in seinem stotternden Arabisch, dass seine Todesstunde gekommen sei und er solle sein letztes Gebet beten. Der Fahrer war elegant gekleidet. Er flehte um sein Leben und erklärte, dass er kein jordanischer Staatsbürger sei, sondern ein Arzt aus dem Libanon und er nichts mit dem israelisch-arabischen Konflikt zu tun hat. Meir lächelte verständnisvoll und erklärte, dass es nicht Aufgabe der Soldaten sei, die zum Tode verurteilten zu befragen. Sie müssen das Urteil vollstrecken.
Bis heute gibt es Meinungsverschiedenheiten zwischen Meir (Meir Har-Zion) und Kat'sha (,Schlomoh Baum) wer von ihnen den Schuss abgab, der den libanesischen Arzt getötet hat.

Meir Har-Zion und Schlomoh Baum waren prominente Mitglieder der Einheit. Sharon war einer ihrer Führer. Baum war im Libanonkrieg 1982-83 General.

Laut Fortsetzungsbericht über die Einheit in der Zeitung „Haarez“ über „Die Einheit 101“ stritten nachher die Anwesenden, welcher ihrer beiden Kameraden den tödlichen Schuß für sich in Anspruch nehmen könne. Als der Bericht später in Buchform erschien, hatte der Verfasser aus dem tatsächlich erschossenen libanesischen Arzt und Nichtkombattanten Dr. Manzour einen ungenannten jordanischen Offizier gemacht, der nicht halten wollte. Har-Zion erhielt eine Farm als Belohnung, Schulkinder wurden jahrelang zu ihm geführt, um von ihm „zu lernen, wie man für sein Land kämpft“.

יחידה 101

ב

אורי מילשטין

הידים קופאות — פשוטו כמשמעו, את האצבע הלוחצת על ההדק [illegible] קאצ'ה אל עין — כדי להחטיא [illegible] כשרה לפעולה.

כעבור שעתיים, הבחינו בשאון מכונית. חלפו כשתי דקות ונראו אורותיה. המכונית התקרבה במהירות מחשש החלקה. היתה זו מכונית צבאית מהודרת. מאיר ניצב במרכז הכביש והניף את ידו. המכונית נעצרה אגב החלקה ונטייה אל צידה. מאיר ניגש, פתח את הדלת והודיע לנהג, בערבית המגומגמת שלו, כי שעת מותו קרבה וכדאי לו שיתפלל תפילה אחרונה. הנהג היה לבוש בהידור רב. הוא ביקש על חייו והסביר כי אינו אזרח ירדני, אלא רופא מלבנון ואין לו כל נגיעה בסכסוך הישראלי־ערבי. מאיר, חייך בתבונה אך השיב שאין זה מתפקיד החיילים לחקור את הנידון למות. עליהם להוציאו להורג.

עד היום יש חלוקי דעות בין מאיר ובין קאצ'ה, מי מהם ירה את הכדור שקטל את הרופא הלבנוני.

כעבור זמן קצר, הגיעה משאית כבדה, מכיוון חולייתו של שלמה באום. [illegible] שניצבו אז על הכביש לא [illegible] שהחוליה של באום תניח [illegible] המכונית עברה אכן את המארב בלא להיפגע ואף בלא שנורתה עליה ירית. די אם נזכיר כי בעקבות שני המארבים הללו האמירו „מניותיו" של מאיר הר ציון ואילו „מניותיו" של שלמה באום נמצאו בירידה.

כעבור עשר דקות נפגשו שתי החוליות ומאיר הוביל את

Fotokopie aus der Beilage der großen Tageszeitung Haarez (Das Land) vom 29. Dezember 1967, wo Uri Mielstein zum erstenmal einen Bericht über die von ihm für Heldentaten gehaltenen Aktionen der „Einheit 101" veröffentlichte, deren Existenz bis dahin geleugnet worden war.

FRAGE AN DEN SIEGER

Nach deiner Landnahme
als das Blut schrie von der Erde
und als man dich fragte
„Wo ist dein Bruder im Land?“
da sagtest du
„Ich weiß nicht“
und du fragtest
„Soll ich der Hüter meines Bruders sein?“

Nun sagst du
man muß dich vor der Rache
der Sippe deines Bruders von dem du nichts weißt
beschützen
Und du trägst ein Zeichen das sagt
wer dich totschlägt an dem soll
siebenfach Rache genommen werden
Wer bist du?

DIE ABWESEND-ANWESENDEN

Nifkadim Noche'chim

Die nicht da sind obwohl sie da sind
sind überall da
Die nicht bei euch sind
werden immer bei euch sein
gleichviel ob ihr bei euch
oder außer euch seid
denn ihr selbst
habt dieses Wort erfunden
Die Abwesend-Anwesenden
sind keine Gespenster
nur die die ihr
zu Gespenstern machen wollt

mit denen ihr verfahrt
als ob sie nicht mehr da wären
auch wenn sie da sind
Deren Häuser und Land
ihr eingezogen habt
hinter ihrem Rücken
oder vor ihren Augen
und hinter dem Rücken
oder vor den Augen ihrer Kinder
weil sie abwesend sind für euch
auch wenn sie anwesend sind

Die ihr verbannt habt
mit einem Gesetzesparagraphen
ins Fegefeuer
ins Land zwischen Leben und Tod
daß alles in Ordnung gehe
nach diesem eurem Gesetz
von dem die Welt nichts gehört hat
denn die Welt weiß noch nicht einmal
daß es das gibt
was es sonst nirgends gibt

was nur ihr euch ausgedacht habt
um das Unrecht ins Recht zu setzen
und das Recht ins Unrecht zu setzen
und euch in die Häuser zu setzen
in die Wohnungen und in die Gärten
der Abwesend-Anwesenden
deren Besitz ihr verwaltet
durch Beamte die ihr dazu einsetzt
wie kommissarische Leiter
die Habe der Juden
für sie verwaltet haben
im Dritten Reich

Die nicht da sind
obwohl sie da sind
werden darum
dableiben unter euch
in ihrem doppelten Dasein
abwesend wie euer Recht
anwesend wie euer Unrecht
abwesend wie euer Gewissen
anwesend wie eure Opfer
abwesend wie Ermordete die verscharrt sind
anwesend wie das Andenken an die Morde

Über die verschiedenen Formen der Enteignung oder „Beschlagnahmung und Nutzung“ des Bodens und Eigentums, vor allem „abwesender Besitzer“, die schon durch einen Besuch bei Verwandten in einem anderen Dorf „Abwesend“ erklärt werden konnten, s.u. a. DIE ARABER IN ISRAEL von Sabri Geries und Eli Löbel, Trikont 1970, S. 115-141.

DAS RECHT DER HEIMKEHR

Das Recht der Heimkehr
aber in wessen Heim?

Ins Heim des rechtlos Gewordenen
der nicht mehr heimkommen darf?

Das verkehrte Recht
vor dem die Gewalt geht die heimlich

schon die Heimzahlung fürchtet?
Das Recht der Heimkehr ins Unrecht?

Das Unrecht der Heimkehr
die andere heimatlos macht

„Das Recht der Heimkehr", von der Regierung Israels verkündeter Grundsatz, spricht allen Juden durch ihre Ankunft in Israel das Bürgerrecht zu. Neuerdings wurde dieses zionistische „Grundrecht" politisch Missliebigen, Kranken oder „Problemkindern" (schwierigen Jugendlichen, die von Eltern aus Amerika geschickt wurden) öfter verweigert.

Im heutigen Gebiet Israels und in besetzten Gebieten geborene und ehemals wohnhafte Palästinenser haben kein solches „Recht".

ZWEI VÖGEL

Zwei weiße Vögel
geweckt von derselben Sonne
fliegen zum selben Baum
fliegen nicht miteinander

Zwei weiße Vögel
pecken vom selben Baum
pecken dieselben Früchte
rufen einander Räuber

Zwei weiße Vögel
Die scharfen gebogenen Schnäbel
sehen einander ähnlich
pecken einander rot

Zwei rote Vögel
Die dunklen glänzenden Augen
sehen einander ähnlich
Sie pecken sie aus

Zwei rote Vögel
haben den Kampf ausgetragen
Könnten sie jetzt noch rufen
so würde der eine sagen:

„Der andere Vogel ist vor mir
nicht so oft wie ich gekommen
aber er hätte uns jetzt
unsern Baum wieder weggenommen"

Zwei rote Vögel
können sich nicht mehr entzweien
Könnten sie jetzt noch rufen
so würde der andere schreien:

„Der eine Vogel
ist erst als Nachbar gekommen
dann hat er uns
unsern ganzen Baum weggenommen“

Zwei tote Vögel
mit aufgerissenen Schnäbeln
mit ausgeronnenen Augen
unter dem Baum

DIE HAND

Das ist eine Hand
das ist eine verstümmelte Hand
das ist eine durch eine Explosion verstümmelte Hand
das ist eine durch eine Explosion in Bagdad
die einen jüdischen Tempel gesprengt hat
verstümmelte Hand
Das ist eine verstümmelte‘ Hand eines Mannes

Das ist ein Mann
das ist ein jüdischer Mann
das ist ein jüdischer Mann in Israel dessen Hand
verstümmelt wurde in einem Tempel in Bagdad
das ist ein jüdischer Mann der in Israel zu Gericht geht
um Invalidenrente zu fordern für seine Hand

Das ist die Hand
das ist die Hand die ihm verstümmelt wurde
verstümmelt weil ein anderer jüdischer Mann
der im Geheimdienst Israels stand seinen Auftrag erfüllte
seinen von langer Hand vorbereiteten Auftrag
den Tempel in Bagdad zu sprengen
um den Juden dort Angst einzujagen
um den Juden in Bagdad Angst vor den Arabern einzujagen
und sie so aufzuscheuchen zur Heimkehr ins Land ihrer Väter
in das einst ihr Gott sie geführt hat
– so heißt es –
mit starker Hand

Uri Avneris Zeitschrift Haolam Haseh (Israels Gegenstück zu „Der Spiegel)
berichtete darüber erstmals im März 1966.

FEIERLICHES VERSPRECHEN

Am ersten Tag
des Sechstagekrieges
erklärte
Premierminister Eshkol
in Tel Aviv:
„Wir wollen
keinen Quadratmeter
Boden haben“

Selten
hat ein Krieg
so kurz gedauert
wie dieser.
Eshkols Versprechen
hat noch kürzer
gedauert
als er

WIDERSTAND

Immer noch suchend
wo Gegenwehr
möglich ist
(möglich bleibt oder wird)
nicht nur als Geste

oder zumindest
als Geste die etwas
lebendig
unabgestumpft
erhalten hilft
wenn das vielleicht auch

zuerst nur der eigene Abscheu ist
Angst
die sich weigert
sich zu ducken vor dem
was so mächtig scheint

allmächtig
bis auf die Hoffnung
daß diesen Abscheu
diese Angst
diese Weigerung sich zu ducken
andere teilen

DER WIDERSPRUCH

Linke Zionisten?
Das ist ein Widerspruch
Ich weiß das
aber ich weiß auch
daß linke Zionisten
nach Spanien gegangen
und im Kampf gegen Franco
gefallen sind
Soll ich diese
nicht Linke nennen dürfen?

Und andere wurden erschossen
von rechten Zionisten
die glaubten es gäbe so etwas
wie linke Zionisten
doch die auch glaubten
man müsse sie erschießen
wie später König Hussein
die linken Palästinenser

Der Widerspruch
geht mitten durch das Herz
wie der Jordan
mitten durch Palästina

„MARXISTISCHER“ ZIONISMUS

(in memoriam Bär Borochow, 1881-1917)

In Buenos Aires
überzeugten ihn drei Kibbuzniks:
„Nicht Fidel
sondern Borochow ist der Ausweg
Also: Ein Zionist sein
in der Revolution
und das heißt
ein Revolutionär sein
in Zion“*

Als er in Israel ankam
sah er die Schwarzen Juden
und die Palästinenser
wie sie niedergehalten wurden
und wie die Kibbuzim
noch immer nicht stärker waren
als die Geldleute in Tel Aviv –
dann traf er durch Zufall
den Borochowisten
der ihn geworben hatte

„Borochow?“ meinte der
„Ganz schön proletarisch
aber leider drittklassig als Soziologe
Doch in Lateinamerika
ist er noch nützlich
er lockt uns dort unsere Jugend
von Castro weg.
Politisch längst überholt,
aber wenn ihr besteht auf Marxismus:
Alte Parademarxisten haben auch wir“

* Losung Borochows

„Und dazu bin ich gekommen?
und dazu hab ich
meine drei Bände Borochow mitgebracht!" –
„Schmeiß sie weg!
Hauptsache, du bist jetzt hier.
Solches Zeug stört nur beim Eingewöhnen.
Überhaupt, Marx war ein jüdischer Antisemit.
Borochow
kann mit ihm Schabbes machen!"

„Mit etwas Schabbes machen" bedeutet in diesem Zusammenhang: Er kann ihn behalten. Wir brauchen ihn nicht mehr.

TEL AVIV HILTON

Das neue Hilton Hotel
ist eröffnet worden
weithin sichtbar
in ausgezeichneter Lage
auf dem Boden
eines arabischen Friedhofs

Schlaft
Zions Gäste
schlaft ruhig
über geschändeten Gräbern

Der Räumpflug
der Steine und Erde und Knochen zerbrach
hat lauter geschnarcht
als ihr schnarcht bis zum Jüngsten Tag
ihr werdet keinen mehr aufwecken
Laßt euch nichts träumen

(aus: Die Freiheit, den Mund aufzumachen, Wagenbach 1972)

Bürokraten und Finanziers in Israel und Jordanien haben Friedhöfe zerstört. In Husseins Jordanien wurde ein Zehntel des alten jüdischen Friedhofes auf dem Ölberg in Jerusalem zerstört, um eine Zufahrtstraße zum neuen Internationalen Hotel zu bauen. In Tel-Aviv wurde der alte arabische Friedhof, nach islamischer Sitte ein offener Garten für alle und seit Jahrzehnten auch Treffpunkt jüdischer Liebespaare, völlig vernichtet. Auf seinem Grund wurde das Hilton Hotel und das Sheraton Hotel gebaut.

GEDICHT ZU EINEM GEDICHT

Als ich ein anklagendes
Gedicht geschrieben hatte
von der Zerstörung
des alten arabischen Friedhofs
in Tel Aviv
zum Bau des Sheraton Hotels
und des Tel Aviv Hilton
da fragte ich: „Haben die andern
jenseits der Grenze
nicht das Gleiche getan?“

Da erfuhr ich
daß auch vom alten jüdischen Friedhof,
in Jerusalem
ein Zehntel vernichtet wurde
um eine Straße zu bauen
zu einem neuen Hotel.
Husseins Finanzleute haben also in Jordan
dasselbe getan wie die Geldleute in Tel Aviv
Das schrieb ich als Fußnote unter mein Klagegedicht
über die Schändung des arabischen Friedhofs

Freunde fragten: „Zerstörst du da nicht die Wirkung
deiner Klage über das Unrecht von Tel Aviv?“
Aber einer sagte: „Im Gegenteil: das beweist
daß es eigentlich nicht um Araber geht
und um Juden
sondern gegen eine Gesellschaftsordnung
von der der Zionismus genauso ein Teil ist
wie König Hussein und seine Hintermänner“

TROCKENE GEDICHTE

Ich weiß daß diese Gedichte
trocken sind
vom Staub des Unrechts bedeckt
das sie bekämpfen

Aber bleibt mir die Wahl
von anderen Dingen zu schreiben
von denen ich gerne schriebe
oder muß ich zuerst

das da schreiben
um Zeugnis abzulegen
was mich bedrückt
und gegen die die bedrücken?

Viele Zeilen
sind ohne Freude geschrieben
und was ich sage in ihnen
das sage ich ungern

Aber ich sage es doch
denn es muß gesagt sein
unverschleiert
bitter vom Staub des Unrechts

Und wenn es trocken ist
so sind daran auch die schuld
die schuld daran sind
daß es gesagt werden muß

JUDISCHER ANTIFASCHIST

Als er geschrieben hatte
gegen das Unrecht
das Zionisten
den Palästinensern antun

kam eine Drohung:
„Weil du die Stimme des Blutes
mißachtet hast
und nicht dein eigenes Volk

unterstützt hast
oder wenigstens schweigst
wird man Rache nehmen
an dir oder deinen Kindern“

Er erinnerte sich
an seine eigene Jugend
an die Fememorde und Reden
der Judenmörder

Da kam ihm die Sprache
seiner unbekannten Bedroher
wohlbekannt
ja fast anheimelnd vor

AN EINE ZIONISTIN

Deine Briefe machen mich traurig
und ungeduldig
denn auch begreiflicher Starrsinn
bleibt immernoch Starrsinn

Du sagst dieser Starrsinn
war wichtig zum Lebenbleiben
und hat aus Bettlern und Schreibern
wieder kämpfende Bauern gemacht

Aber sage:
Bauern auf wessen Feldern?
In wessen Schachspiel
ausgespielt und geopfert?

Zwar verstehe ich
warum du nicht verstehen willst
aber das hilft dir nicht viel
weil Wahrheit ein bitteres Kraut ist

und je mehr ich erkläre
desto weniger weißt du warum ich
dich und dein Falschverstehen
verstehen will

Darum muß ich nun eine Zeitlang
wieder aufhören zu diskutieren
nicht aus Haß
denn ich hasse dich nicht

nur weil das Unrecht noch immer andauert
für das du eintrittst
und das vielen wie dir
noch immer den Blick verstellt

Darum arbeite ich lieber weiter
gegen das Unrecht
ohne lange Gespräche
ja nicht einmal immer von Herzen

Denn das Herz ist manchmal müde vom endlosen Streit
doch den beendet
vielleicht die Revolution
nicht der Tod der einen oder andern

ZUR ZEIT DER VERLEUMDER

Sie nennen mich
Verräter an meinem Volk
Sie nennen mich
Jüdischer Antisemit
weil ich spreche von dem
was sie tun in Israels Namen
gegen Palästinenser
gegen Araber anderer Länder
und auch gegen Juden
die totgeschwiegen werden

Später einmal
werden Juden die übrigbleiben
wenn dieser Wahnsinn vorbei ist
zu suchen beginnen
nach Spuren von Juden
die nicht mittaten
sondern warnten

So haben Deutsche gezeigt
nach dem Untergang Hitlers
auf Deutsche die tags zuvor
noch verfolgt wurden oder getötet
Die sollten nun Zeugen sein
daß Deutsche auch anders waren

Ob dann ein Wort
noch nachlebt
von meiner Warnung?
Wichtiger aber:
ob dann in Palästina
noch Juden leben
Entronnene jener Vernichtung
die sie selbst herbeiführen halfen
durch ihr Unrecht
zu meiner Zeit?

FÜR EINIGE ZIONISTISCHE SCHRIFTSTELLER UND JOURNALISTEN

Ihr meine Feinde, deren Feindschaft ich gut verstehe
Ärgert euch nicht daß ich euere eigenen Worte
gegen Unrecht, begangen an Palästinensern,
die ihr geschrieben habt um der Wahrheit willen
und in der Hoffnung euer Israel zu befreien
von diesem Unrecht, nun als Beweis benutze
gegen den Zionismus und seine Regierungen.
Nämlich, ich glaube das Unrecht sitzt zu tief
um besiegt zu werden durch euere Wahrheitsliebe

Aber, ihr meine Feinde, kein wahres Wort das ihr sprecht
geht ganz verloren. Wenn es längst keinen Zionismus
mehr geben wird, soll man wissen daß jede Wahrheit
aus eurem Mund, jede Anklage gegen das Unrecht
mitgeholfen hat die Erbitterung zu verringern
und Breschen zu schlagen in die Mauern zwischen den Juden
und zwischen den Palästinensern und anderen rund um euch,
daß man leben kann miteinander.
Und glaubt mir, ihr, meine Feinde
das wird wichtiger sein als unsere heutige Feindschaft

Und die Wahrheit gegen das Unrecht, die ihr gesagt habt
trotz eurer Illusionen und Irrtümer, die wiegt vielleicht dann
mehr als wenn ihr die Wahrheit gesagt hättet ohne Irrtum,
denn dann wäre sie euch nicht so schwergefallen, und ihr
die glaubt, meine Feinde zu sein, hättet nicht ganz soviel
Mut gebraucht und Menschlichkeit, um sie zu sagen

Von dem, was in diesem Band gegen zionistische Maßnahmen und Verhaltensweisen in Israel ausgesagt wird, verdanke ich manches den Arbeiten einiger zionistischer Autoren, die, wenn auch ohne sich von ihren Illusionen zu lösen, doch nach bestem Wissen und Gewissen die Wahrheit geschrieben und gegen Verbrechen protestiert haben. Ihnen ist dieses Gedicht gewidmet.

DAS BITTERE

Du willst mich nicht hören
denn du willst dir nicht rauben lassen
das von dem ich dir sage
es ist ein Unrecht.
Glaubst du ich sage es leichthin
und ohne Zögern?

Glaubst du es macht mir Spaß
gegen Menschen zu sprechen
von denen viele nur
durch Verfolgung und durch Verzweiflung
auf den Irrweg getrieben wurden
auf dem sie verrannt sind?

Glaubst du es ist sehr leicht
zu rufen in alle vier Winde
daß einige meiner Verwandten
die der SS entgingen
das Tun ihrer Mörder
zu ihrem Vorbild nahmen?
Ich sage das fast so ungern
wie du es hörst

Glaubst du es läßt mich kalt
einen Brief zu bekommen
von einer alten Mutter
deren drei Söhne
in Auschwitz vergast worden sind
und die mich fragt
wie könne ich sprechen
gegen meine eigenen Leute
da schon soviel vergossen wurde
von unserem Blut?

Zwar weiß ich daß ich nicht wirklich
gegen die Juden spreche
sondern nur gegen den Irrweg
jener Juden
die glauben auf Verbrechen
gegen die Palästinenser
läßt sich ein Land
und eine Zukunft bauen

Zwar weiß ich daß ich versuche
die Juden in Israel und
ihre Kinder retten zu helfen
indem ich beizeiten
Klage erhebe
gegen jene Verbrechen
begangen in ihrem Namen
die sonst ihr Untergang werden

Doch vor dem Brief
der Frau mit den toten Söhnen
ist es kein Trost
daß ich es besser weiß

ZWEI WORTE

Ich weiß noch
wie stolz ich war
als Kind in der Thora zu lesen
„Einen Fremden sollt ihr
nicht bedrücken
und nicht bedrängen"
und wie enttäuscht ich dann war
als ich lernte daß das Wort FREMDER
– ger – im Hebräischen
nur einen Fremden bezeichnet
der zum Judentum
übergetreten ist

SCHICKSE
eine Bezeichnung
für nichtjüdische Mädchen
und Frauen
klingt verächtlich
und war mir schon immer verhaßt

Aber ich war betroffen
als ich erfuhr
das Wort
– eigentlich schekezeh
die weibliche Form von schekez –
heißt: UNGEZIEFER

„Zwei Worte" richtet sich nicht gegen den Zionismus, sondern will daran erinnern, daß eine alte Stammesreligion, deren Ethik wie die der alten Griechen „Barbaren" nicht einschließt, gefährlich für Beziehungen mit anderen Völkern sein kann.

ZU EINEM BERICHT ABBA EBANS, 1970

„Diese Terroristen
haben gar nicht das Recht
sich Widerstandskämpfer zu nennen
Sie sind Verbrecher
Die wahren Männer
des Widerstandes
sind wir“

Der Versuch Guerilleros
so zu Verbrechern zu stempeln
wurde schon von Battista in Kuba gemacht
in Vietnam von den Sprechern Johnsons und Nixons
in Frankreich von Marschall Petain
und im Kampf gegen Jugoslawien
und gegen die Sowjetunion
von Hitler und Goebbels

Auch die Juden
die kämpften im Warschauer Ghetto
wurden Verbrecher genannt
zum Beispiel von Jürgen Stroop
Brigadeführer SS
in seinem Bericht an Himmler
Jürgen Stroop starb am Galgen
er lebt weiter in seinem Bericht

Wichtig ist daß sich Kubaner gefunden haben
Russen Polen Franzosen
und Deutsche dagegen zu kämpfen
Wichtig ist daß sich schon heute
auch solche Juden finden
Abba Eban wird weiterleben
in seinem Bericht

REDE EINES ZWÖLFJÄHRIGEN PALÄSTINENSERS

„Die Störenfriede
werden wir alle vernichten“
Ihr meint meinen älteren Bruder
ihr meint hoffentlich
bald auch mich
wenn ich erst groß genug bin
gegen euch zu kämpfen

Ich frage nicht Abba Eban
der nichts kann
als reden und reden
sondern ich frage dich
Moshe Dayan
einen kämpfenden Feind:
„Sage mir ehrlich:

Wenn du ein Palästinenser wärst
hier im Lager
vertrieben aus deiner Heimat ins Flüchtlingselend
würdest du dich drein fügen
oder würdest du kämpfen
und ein Störenfried werden wollen
so wie ich?“

Der Sprecher befand sich im Juni 1972 in einem Flüchtlingslager im Libanon. Die mir mitgeteilte Aufzeichnung erfolgte nicht wortwörtlich. Daher ist meine Wiedergabe nicht den „gefundenen Texten“ zugeteilt worden.

WARUM PALÄSTINENSER SICH NICHT FÜGEN

Die „Muselmanen“
das war in Auschwitz der Name
für die die sich fatalistisch
in alles fügten
wie gläubige Muselmanen
das angeblich tun

Die Muselmanen
versuchten nicht Essen zu stehlen
Sie waren nicht zornig
und kämpften nicht gegen ihr Schicksal
Sie hielten sich an die Vorschriften ihrer Vernichter
und starben willenlos nach wenigen Wochen
Das Wichtigste war
kein Muselman zu werden

Von den andern die leben blieben
fanden nach Ende des Krieges
viele in Israel eine neue Heimat
Nun wurden die Palästinenser
im Gazastreifen
und in den Nachbarländern
in Lagern untergebracht

Wer kämpfte in diesen Lagern
gegen sein Schicksal
dem drohte von Israel Tod
durch Bomben oder durch Napalm
oder im Gazastreifen die nächtliche Selektion
der verdächtigen Widerstandskämpfer
die spurlos verschwanden

Israelische Sprecher erklären
sie wollen den Arabern
(sie meinen die Palästinenser)
weiter nichts antun
solang sie sich ruhig verhalten in ihren Lagern
und sich abfinden mit ihrem Schicksal
wie es Muselmanen geziemt

AUFFORDERUNG ZUM VERGESSEN

Sei nicht dumm
sagt der Wind
Die Welt dreht sich weiter
Alles ändert sich
Das Gewesene muß man vergessen

Wenn du dein Feld vergessen könntest
sagen vergiftete Halme
und wenn du dein weißes Haus vergessen könntest
sagt der Schutt
und wenn du den großen Krug vergessen könntest
sagen die Scherben
und wenn du den Ölbaum vergessen könntest
sagt der Baumstumpf
und die Orangenbäume
sagt der verbrannte Hain
und wenn du deine zwei Schwestern vergessen könntest
sagt der Weg zu den Gräbern
und wenn du vergessen könntest die Schreie zu hören
sagen die Ohren
dann könntest du aufhören dich in Gefahr zu begeben
dann könntest du weit wegfahren
wie die Dattel im Bauch eines Schiffes
die gepflückt wurde und die frei ist von ihrem Baum –
dann könntest du frei sein wie ein Sandkorn im Wind
endlich frei von der Heimat
die du verloren hast

Die Welt dreht sich weiter
Das Gewesene muß man vergessen
Sei nicht dumm
sagt der Wind
der herweht von den Vertreibern

Zu Zeile 7 „sagen vergiftete Halme“: Chemische Sprühgifte, wie sie zuerst von US-Streitkräften in Vietnam zur Vergiftung von Ernten und Entlaubung von Wäldern angewandt wurden, wurden in den letzten Jahren auch von Israel gegen die Ernten von Palästinensern eingesetzt. In England wurde das zuerst in der Sunday Times veröffentlicht.

NACH DEM TOD GAMAL ABDEL NASSERS IM SCHWARZEN SEPTEMBER 1970

Woran ist Nasser gestorben?
An einem Herzanfall
Aber wer oder was
hat sein Herz angefallen?

Seine Feinde oder
seine sogenannten Freunde
die ihn zwangen das Spiel seiner Feinde
nicht aufzudecken?

Waren es Fürsten und Scheichs
die den Palästinensern nicht halfen
oder war es
sein eigenes Zusehenmüssen?

War es der kleine König
oder waren es die
die fern von Amman
des Königs Könige sind

und ihr blutiger Friedensplan
und ihr Gemetzel an denen
die kämpften für manches
wofür Nasser selbst kämpfen wollte?

Woran ist Nasser gestorben?
An seinen Gastgeberpflichten
gegen die Schlächter
und die Gelegenheitssucher?

Woran ist Nasser gestorben?
An einem Händedruck
sorglich vom frischen Blut
reingewaschener Hände?

BRIEF AUS LONDON NACH TEL AVIV

Ich bin zu weit von euch fort –
Ich kann euer Unrecht
zwar beschreiben aber
ich weiß nicht die lustigen Namen
die ihr ihm gebt unter euch
und die euch so vertraut sind
daß ihr gar nicht mehr merkt
sie bezeichnen das Unrecht

Ihr seid im Unrecht zuhause
da könnt ihr leicht
ein zwei Stellen finden
an denen ich Fehler mache
wenn ich das Unrecht nachzeichne –
So beweist ihr
daß ich dem Unrecht
tatsächlich Unrecht tue

Jedenfalls könnt ihr mich leichter
abschütteln als euer Unrecht
Aber wohin wollt ihr gehen
wohin wollt ihr kommen
und mit wem
oder für oder gegen wen?
Oder wollt ihr das alles
gar nicht mehr fragen?

PALÄSTINENSISCHE FLÜCHTLINGE

Im großen Lager bei Gaza
die alten Männer
die ihre Füße
nicht mehr heben beim Gehen
und die Frauen
mit ihrer ewigen Sorge:
Wie führt man einen Haushalt
in solchen Quartieren?
Und die Kinder
mager und altklug
und auch wenn sie lachen
unsicher und
immer bereit zu fliehen

So sahen Juden aus
im Warschauer Ghetto
und in den Lagern
Aber die jungen Sabras*
haben die alten Bilder
kaum mehr gesehen.
Ist das ihr Glück
oder ist das ihr Unglück?

Es handelt sich hier um das Lager SHATI bei Gaza. 1972 hatte das Lager etwa 30.000-40.000 „Einwohner".

* Von Sabra (hebräisch), Kaktus. Sabras nennt man die schon in Israel geborenen jüngeren Juden.

PALÄSTINENSISCHE STUDENTEN SEHEN OBER-NAZARETH

Wahrscheinlich hätten wir
hier nicht so viele
Häuser hergebaut
und auch nicht so hohe

Unsere Zeit zu bauen
wäre erst später gekommen
als die der Einwanderer
Jahrzehnte später

und sie wäre vielleicht noch nicht da
sondern käme erst morgen
oder übermorgen
vielleicht erst im Sozialismus

Dann hätte – wer weiß –
mancher exotische Kaktus
bei uns nie geblüht
zum Beispiel der Bauspekulant

Nichts gegen neue Häuser –
aber sogar
Fellachenhütten
und Kamelmistfeuer sind besser

als Betonwohnblöcke
einer neben dem andern
in denen ein Palästinenser
nicht wohnen darf

BEZWINGER DER WÜSTE

Simon der Kameramann
sieht die Planierraupen die
die letzten Trümmer
der Araberhäuser zermalmen

und sieht die Erde
die Gurken hervorgebracht hat
Tomaten Wassermelonen
und da und dort einen Ölbaum

aufreißen und verderben
Zementstaub auf Lehmstaub
Staub auf staubiges Grün
auf staubiges rosa Erdreich

und sagt: „Bevor die Juden
die Wüste bezwingen können
müssen sie hier die Wüste
erst selber machen“

Simon, der Kameramann, der diese Zerstörung bei Raffah 1972 gesehen hat, ist selbst Jude. Viele Israelis protestierten vergeblich gegen die Vertreibung dieser Bauern, Beduinen, die seit mehreren Generationen seßhaft waren.

KREUZTRAGUNG 1972

Eine Palästinenserin
mittleren Alters
nicht kenntlich an ihrem Gesicht
das ihr schwarzer Schleier verhüllt

aber kenntlich von weitem
an dem entwurzelten Baum
auf ihrer Schulter
geht langsam die Straße entlang

durch den Moshav
vorbei an den weißen Gipsköpfen
Jabotinskys und Golda Meirs
die ihn bewachen

Sie trägt ihren Baum
den ihr die Israelis
entwurzelt haben
als sie selber entwurzelt wurde

aus ihrem zerstörten Dorf
irgendwohin
wo sie hofft ihn pflanzen zu können
bevor er stirbt

Die Gipsaugen Jabotinskys
und Golda Meirs
starren den staubigen Weg an
und sehen sie nicht

Der Moshav Dikla ist eine Siedlung politisch rechtsstehender Zionisten. Die Episode ereignete sich im August 1972. Die großen Büsten sind das Werk eines Moshavbewohners.

Übersetzung eines Gedichtes von Mordechay Avi-Shaul

STIMME EINER SCHALMEI

> "Was sind denn die Palästinenser? Als wir kamen
> waren da 250.000 Nichtjuden, hauptsächlich Araber
> und Beduinen. Es war mehr eine Wüste als ein
> unterentwickeltes Land. Erst als wir es besiedelten
> und kultiviert haben, wollten sie es uns wegnehmen."
>
> Levi Eshkol *

Als er jung war, umarmte er statt eines Mädchens die Harke,
in einer Kibbuzversammlung war er ein feuriger Redner
über 'Eroberung der Arbeit'; seine Stärke
war die Theorie der Eroberung des Landes der Väter

Stimme einer Schalmei:
Bachstelze
Auf dem Schatten des Freundes, auf dem Schatten meiner Toten,
Pflugvogel auf dem Schatten meiner Toten,
Sehn wir uns wieder auf dem Schatten meiner Toten
beim ersten Regen?
Bachstelze, werden meine Freunde mich finden?
Auf dem Schatten des Freundes, Bachstelze,
Pflugvogel auf dem Schatten meiner Toten,
Sehen wir uns wieder beim ersten Regen?

Ohne Austreibung, gottbehüte! 'Jüdische Arbeit' Er fand
diese Losung (Ein Bruder ist ihm jeder Arbeitsmann)
Er hat die Wüste verwandelt in ein fruchtbares Land
und keiner Bauernfliege je was zuleide getan

Stimme einer Schalmei
Mein Vater ging hinaus, mit seinen Ochsen,
in meinem Mund die Schalmei, mein Vater tat seine Arbeit
bevor die Wolke der Fliege kam,
In meinem Mund die Schalmei, - und vom Westen
Eine Wolke der Fliege und das glimmende Gift
Vom Westen her. Mein Vater ging hinaus
Ging hinaus bevor eine Wolke der Fliege kam,
In meinem Mund die Schalmei, mit seinen Ochsen ...

Mit seinen Ochsen, in meinem Mund die Schalmei

"Wir haben sie befreit aus ihrer Effendis Gewalt
Trockenes Land haben wir gemacht aus ihren Sümpfen
Jedes Stück Grund haben wir mit Geld und mit Blut bezahlt
Und uns will der Leibeigene jetzt Räuber und Diebe schimpfen?
Er soll lieber lernen ein Mensch werden, aber bald..."

Stimme einer Schalmei
Dein Brot, meine Mutter - sein Duft ist mir im Mund - ich träume
Dein Brot, Mutter! Mein Vater ist schon gekommen, auf der Schulter
Den Pflug, den Pflug, sein Handgriff
Zeigt auf den Herbsthimmel. Mein Vater ist schon gekommen, gekommen,
Sein Handgriff zeigt auf den Herbsthimmel, der kennt alles
Was kommt, der kennt meinen Vater, meinen Vater -
Mein Vater ist schon gekommen zum Herbsthimmel, er ist schon gekommen
Dein Brot, meine Mutter, sein Duft ist in meinem Mund

"Er konnte nicht lesen und schreiben unter seinem feudalen Herrn -
Ist das Kultur? Na also! Dorftrottelpack.
Und jetzt hätte er unser armes kleines Land gar zu gern
Denn jetzt sieht er, wie schön es ist; ganz nach seinem Geschmack!"

Stimme einer Schalmei
Verbrenn nicht, Chamsin, die Blüte meiner Sehnsucht!
Der Nachtigall Lied verbrenn nicht, Chamsin, Chamsin!
Der Nachtigall Lied in einem Baum im Tal
Die Wurzel des Baumes - jenseits des Feuers der Grenze -...
Auf einem Zweig im Tal. Verbrenn nicht, Chamsin,
Die Blüte meiner Sehnsucht!
Die Wurzel des Baumes jenseits des Feuers der Grenze ...

"Streitsüchtiges Volk, sein Urteil war Niederlage und Schande,
Dann entflohn sie aus ihrem 'Palästina' und schreien Gewalt!
Ihre Hungerleiderkinder mit ihrem Traumvaterlande,
An der Grenze liegen sie wie die Räuber im Hinterhalt"

Stimme einer Schalmei

Die Sonne geht unter, es kriecht eine Viper
Zwischen Fels und Ölbaum, Tritt nicht auf das Grab!
Kriechende Viper tritt nicht auf den Schatten!
Zwischen Fels und Ölbaum, du ohne Haus,
Laufe, spring wie ein Hirsch! Begraben liegt hier mein Vater...
Zwischen Fels und Ölbaum kriechende Viper,
Tritt nicht auf das Grab! Begraben liegt hier mein Vater...

"Wir waren genötigt neue Gebiete zu befrein
und der gerechte Krieg - und uns war der Sieg beschieden
und für ein Linsengericht tauschen wir den nicht ein:
Freiwillig oder auch nicht, sie kommen gekrochen um Frieden
Zu unserm Verhandlungstisch, von Norden, von Osten, von Süden"

Stimme einer Schalmei
Steh auf, mein Vater, dein Haus ist Staub und kein Dorf mehr!
Steh auf, meine Mutter. Hervor unter diesem Grabstein,
Steh auf, meine Mutter! Wo soll meine Braut hingehen?
Ich Bräutigam hab weißes Haar; dein Haus ist Staub, mein Vater,
Wo soll meine Braut hingehen? Von fernher, meine Schwester,
Ist meine Braut gekommen. Steh auf, meine Mutter!
Auf ihrem bestickten Hochzeitskleid glühen die Tränen -
Steh auf nun, mein Vater, hervor unter deinem Grabstein!
- Nimm unsere Knochen als Ziegel und nimm als Mörtel,
Als Mörtel nimm, als Mörtel nimm... euer Lied,
Für das bestickte Hochzeitskleid, auf das glühende Tränen fielen...

Dann werden alle Völker sagen: Was war hier? Nichts als dies:
Ein Volk, das schon immer das Auserwählte hieß,
Hat die Wüste der Primitiven verwandelt in ein Paradies...

* Das dem Gedicht vorangestellte Zitat von L. Eshkol, ehemaliger Premierminister von Israel, entstammt einem Eshkol-Interview für NEWSWEEK, als er noch amtierte. Zitiert nach DAVAR vom 11. Februar 1969.
Der Chasmin ist ein heißer trockener Wüstenwind. Beim Übersetzen dieses Gedichtes hat mir Dr. Israel Shahak geholfen.

Gedichte seit Fürstenfeldbruck

Von der Polizei hat man nach ihrem Angriff erklärt
was sie getan habe sei
das Menschenmögliche

Verantwortliche für die Aktion von Fürstenfeldbruck haben sich seither in Widersprüche verwickelt und einerseits behauptet, sie hätten gewußt, die Hoffnung, die gefangenen Israelis durch den Feuerüberfall lebend zu befreien, sei nur eins zu neunundneunzig gewesen, andererseits aber erklärt, die Gefangenen mit den GueriUeros abfliegen zu lassen (wie sie versprochen hatten!) wäre für die Gefangenen das sichere Todesurteil gewesen. (Dies, obwohl zweimal Flugzeuge mit zahlreichen Israelis in die Hand arabischer GueriUeros fielen und in beiden Fällen die Israelis unverletzt freigelassen wurden.) Gegen die für „Fürstenfeldbruck" Verantwortlichen ist kein Verfahren eröffnet worden. Auch Israels Behörden haben es offenbar vorgezogen, die gefangenen Sportler sterben zu lassen.

DAS MENSCHENMÖGLICHE

Acht Menschen haben versucht
elf Menschen gefangenzunehmen
um sie auszutauschen gegen zweihundert Menschen
die schon lange politische Gefangene sind

Dabei kam es zum Kampf
mit diesen elf Menschen
die teils Sportler und teils
Geheimdienstagenten waren
und die acht haben zwei
von diesen elf Menschen erschossen

Als die acht Menschen die neun anderen Menschen
die übriggeblieben waren gefangen hatten
verhandelten Politiker und Polizisten mit ihnen
über den Abflug und Gefangenenaustausch
Aber die Polizisten und Politiker hatten
wie später offiziell erklärt wurde nicht die Absicht
ihre Versprechen und Vereinbarungen zu halten

Auf dem falschen Flugplatz hat dann die Polizei
überraschend das Feuer eröffnet auf die acht Menschen
um sie niederzuschießen
damit sie nicht länger versuchen können
ihre neun Gefangenen einzutauschen
und freizusetzen als Gegenleistung gegen
die Befreiung der zweihundert Menschen
die schon lange Gefangene sind

Bei diesem Angriff der Polizisten sind fünf
von den acht Menschen die sie aufs Korn nahmen umgekommen
auch ein Polizist und – wie zu erwarten war –
die Gefangenen die durch Austausch freikommen sollten

POSTLEITZAHL 808 KOHLHASENBRÜCK

Michael Kohlhaas
hat heute
einen palästinensischen Namen

Junker Wenzel von Tronka
einen jüdischen
oder hebräischen

Und man hat diesem Kohlhaas
nicht Pferde
sondern Land weggenommen

Daß das Unrecht war
ist auch rechtlich anerkannt
fast wie damals

Kohlhasenbrück
kann heute
überall sein

Kleist nannte ihn:
„Einen der rechtschaffensten zugleich
und entsetzlichsten Menschen seiner Zeit

Das Rechtgefühl aber
machte ihn zum Räuber
und Mörder“

In Wirklichkeit hieß er
Hans Kohlhase
doch was sind Namen?

Auch der Junker
Wenzel von Tronka
hieß eigentlich Günter von Zaschwitz

Und der Streit um die Pferde
begann in Wellaune
(am 1. Oktober 1532)

Die Postleitzahl 808 gehört in Wirklichkeit nicht zu Kohlhasenbrück (DDR), sondern zum Ort und NATO-Flughafen Fürstenfeldbruck in der Bundesrepublik.

EIN KRITIKER DES „SCHWARZEN SEPTEMBER“ NACH DEN SEPTEMBERMORDEN 1972

Ich verteidige
nicht die Tat
sondern die Täter
die tot sind
und die
die Gefangene sind

gegen Israel
dessen Unrecht
an Palästina
das Feld bestellt hat
in dem die Tat
Wurzeln schlug

gegen die Beduinen Husseins
in Jordanien
die mit dem Blut der von ihnen
Überfallenen Palästinenser
den September
zum Schwarzen September machten

Und gegen ihre eigene
Unerfahrenheit und Verblendung
die glaubte die Tat der Schwachen
könne an jenem Ort
mehr Gutes als Schlechtes tun
gegen die Taten der Starken

Ich verteidige sie
gegen die Polizei
deren Wortbruch den Tod der Geiseln
und der Fedajin befreite
von allen Versprechungen
die ihn verhindern wollten

Und ich verteidige sie
gegen die Anmaßung derer
die aus der Tat der Schwachen
ein Recht ableiten
auf siebzigfache Vergeltung
zu Lande und aus der Luft

Z'WI SCHNABELS KOMMENTAR, RADIO BREMEN, SEPTEMBER 1972

Nach dem Tod der Olympiasportler und Palästinenser
sagte Funkkorrespondent Z'wi Schnabel in Tel Aviv,
Israel werde das Beileid König Husseins nicht vergessen
König Hussein sei ja auch selbst schon Opfer
des Fanatismus der Palästinenser gewesen
und kenne diesen daher nur zu genau

Wer von Z'wi Schnabels Hörern in Deutschland weiß
warum der September 70 „Schwarzer September" heißt
wie in jenem September Husseins Beduinen
die Palästinenser jagten und wüteten unter ihnen
wie sie Verwundete in den Krankenhäusern kastrierten
und sie Judenknechte nannten die den Judenhaß sabotierten
denn diese Flüchtlinge seien Rote und Atheisten
und seien nicht gegen die Juden nur gegen die Zionisten? –
Denn im Sechstagekrieg riefen weder die Syrer noch Nasser
zum Völkermord auf, nein, Hussein war der große Hasser
der am Mikrophon befahl alle Juden zu Paaren zu treiben
weder Mann noch Weib noch Kind dürfe am Leben bleiben

Z'wi Schnabel in Tel Aviv der wissen muß wie das war
hat kein Wort davon gesagt in seinem Funkkommentar
Man muß hoffen, daß König Hussein das erfährt
denn eine Liebe ist, heißt es, der anderen wert

ZIONISTISCHE FUNKTIONÄRE NACH 1945

Und sie fanden sechs Millionen Tote
„Sechs Millionen das ist eine runde Summe.
Wenn wir jetzt Profit aus den alten Galuth-Leichen* schlagen
werden die Mörder kein Wort zu sagen wagen.
Keiner mehr straft uns jetzt Lügen
höchstens vielleicht ein paar Rote
denn sechs Millionen Tote sind sechs Millionen Stumme“

Und sie gaben sich aus als die Erben der sechs Millionen
und sie strichen die Bußgelder ein für ihre eigene Sache
Und mit den Palästinensern begannen sie so zu verfahren
wie die Antisemiten Europas mit den Juden verfahren waren:
„Wir haben zuviel erlitten
um jetzt noch Feinde zu schonen –
und für jede Gegenwehr nehmen wir blutige Rache“

Und die Herren die einst ihre Mörder gefördert haben
die haben heut tiefes Verständnis für dieses Verhalten:
„Ein Volk ohne Raum darf im Kampf keine Schwäche kennen“
„Diese Araber sollen sie ruhig mit ihrem Kamelmist verbrennen“
„So ein faules dreckiges Pack
braucht man gar nicht erst zu begraben“
ARABER steht nun statt JUDE
und sonst bleibt da alles beim alten

Aber nicht die sind die besten Deutschen gewesen
die Deutschland verhaßt gemacht haben
in allen benachbarten Ländern
sondern die man damals „Verräter am eigenen Volke“ nannte
und die man so wie die Juden ermordete und verbrannte
Auch jüdische Geschichte wird man eines Tags anders lesen
Nichts was die Zionisten heut tun kann das ändern

* galuth = Diaspora, Länder der Zerstreuung. Gaiuthjuden ist im Munde der Israelis eine leicht verächtliche Bezeichnung für außerhalb Israels lebende Juden, die sie zuweilen auch nennen „menschlichen Staub“.

BEWÄLTIGUNG

Stimmen in Israel:
„Es ist eine Lüge
daß unsere kollektiven Vergeltungsschläge
seit unserem Sieg im Sechstagekrieg
dreißigtausend
arabische Frauen und Kinder
getötet haben.“

Und Stimmen dazwischen:
„Nur nicht sich schwach machen lassen!“
„Das ist die einzige Sprache
die sie verstehen“
Und Stimmen in Deutschland:
„Doch niemals sechs Millionen
Juden die unter Hitler
dran glauben mußten!
Das ist Propaganda!
Es waren nur fünf“
„Nur vier“

Stimmen in Israel:
„Es waren nur zwanzigtausend“
„Zwanzigtausend?
Auch das ist noch weit übertrieben“

Und Stimmen dazwischen:
„Bringe doch du einmal
diesen Arabern etwas bei
auf andere Weise!“

Und Stimmen in Deutschland:
„Wie kommt ihr auf vier Millionen?
Schon erstaunlich
wenn es auch nur die Hälfte war“

Und Stimmen aus Israel:
„Fünfzehntausend? Wer sagt das?"
„Wahrscheinlich nur zehn!"
„Und wir selbst hatten auch Verluste!"

Und Stimmen dazwischen:
„Uns ist das gleich was die Welt denkt
was die NichtJuden sagen
die uns nicht helfen!"

„Oder haben sie uns geholfen
den Gaskammern zu entfliehen?"
„Nicht einmal unsere Schiffe
mit Flüchtlingen ließen sie landen!"

Stimmen und Stimmen
Fuge des Überlebens
Thema und Antwort
berechenbar
leicht zu verstehen

Die Toten sind tot
die Bundesrepublik Deutschland
unterhält zu Israel
enge Beziehungen

EURE TOTEN
(Die Palästinenser an die Zionisten)

Eure Toten
eure toten Eltern und Großeltern
eure toten Brüder und Schwestern
auf die ihr euch immer beruft
eure Toten die euer Trumpf sind
eure Toten für die ihr euch Geld bezahlen laßt
als Wiedergutmachung
sie sind nicht mehr eure Toten

Ihr habt eure Toten verloren
denn eure Toten
das waren die Opfer der Mörder
die Gerechten die Unterdrückten:
Die Machtlosen die Verfolgten
die ermordeten Widerstandskämpfer
und ihre Kinder
das waren eure Toten

Jetzt aber seid ihr Machtanbeter und Mörder geworden
und werft Bomben auf eure Opfer wenn sie sich wehren
Ihr vertreibt die Machtlosen aus ihren niederen Hütten
Ihr kommt rasselnd in rasenden Panzern
Ihr laßt das Sprühgift
aus euren Flugzeugen regnen
nieder auf unsere Felder
und euer Napalm auf unsere Frauen und Kinder

Glaubt ihr denn eure Toten würden euch wiedererkennen
versteckt in eure Panzer und Kampfflugzeuge?
Eure Toten sind übergegangen zu uns
Opfer zu Opfern
Verfolgte zu Verfolgten
denn die Ermordeten sind der Ermordeten Brüder und Schwestern
und nicht die der Mörder
Eure Toten wollen euch nicht mehr kennen

Darum beruft euch lieber nicht mehr auf eure Toten
um die Welt schweigen zu machen jedes Mal wenn ihr tötet
Darum tut lieber nicht mehr
als wären sie das gewesen was ihr seid
als wäret ihr wirklich noch ihre echten Kinder und Enkel
denn ihr habt Verrat begangen an ihrem Leben und Sterben
als ihr eingetreten seid in die Dienste derselben Ordnung
die eure Toten gequält und getötet hat

Eure Toten sind nun zu Gast bei unseren Toten
die versuchen sie zu beruhigen daß ihr vielleicht nur
aus Unwissenheit und aus Dummheit tut was ihr tut
Doch eure Toten sagen ihr seid immer so klug gewesen
die klügsten Kinder der Welt
und sie können euch nicht mehr verstehen
Und unsere Toten wollen sie trösten und sagen
daß nur die Macht der Mächtigen euch so verlockt und verwirrt hat
und daß ihr vielleicht es noch sehen und doch noch umkehren werdet
statt so zu sterben daß eure Toten euch nicht mehr kennen

VOR EINER SINTFLUT

Die Vergeltungsmaßnahmen der Israelis
haben ihr Vorbild
im Alten Testament

„Ihr Weiber Lamechs
hört meine Rede und merkt was ich sage“
so heißt es

„Ich habe einen Mann erschlagen für meine Wunde
und einen Jüngling für meine Beule
Kain soll siebenmal gerächt werden
aber Lamech siebenundsiebzigmal“

Die Regierung von Israel kann sich also mit ihrer
kollektiven vervielfachten Rache auf die Bibel berufen
auf das 1. Buch Mose, 4. Kapitel

In diesem Kapitel steht aber auch daß Lamech
der Lehrer der Rache aus dem Hause des Kain kam
und im übernächsten Kapitel folgt dann die Sintflut

IN DER SPRACHE DER ALTEN

Komm
Volk Israels!
erhebe dich aus deinem Unrecht!
Laß ab von dem
was dich zum Gespött macht der Völker!

Auch die noch freundlich tun
um ihres Vorteils willen
dir ins Gesicht
die rümpfen schon die Nase
und spotten hinter dir her
wenn du den Kopf abwendest:
„Da habt ihr das Volk der Bibel!
so rachsüchtig und so gierig
wie nur irgendein Volk
in der weiten blutigen Welt!

Komm
Volk Israels!
lasse von deinem Unrecht!
Es ist nicht zu spät zur Umkehr
wenn sie auch hart ist
Denn es winkt kein goldener Lohn
und kein reicher Schatz:
Der einzige Weg
ist der Weg durch die Sühne

Aber auch deine Propheten
in alter Zeit
haben dir bittere Worte gesagt
und dir nicht geschmeichelt
und doch hast du sie nicht alle
gesteinigt sondern zuweilen
auf einen gehört
wenn auch nur selten lange

Und du weißt doch selbst
wohin der Weg deines Unrechts
den du jetzt gehst und den du
zu einer Heerstraße ausbaust
dich führen muß
der Weg deiner Überhebung
auf dem deine heimliche Angst
schon schneller wächst
als dein lautester Mut
oder die Zahl deiner Waffen

Du weißt welches Ende der nimmt
dessen Tun und Reden
alle um ihn herum
zu seinen Feinden gemacht hat
wenn nicht heute dann morgen
wenn nicht morgen dann übermorgen
wenn nicht übermorgen
dann zur Zeit deiner Kinder und Enkel

Und du weißt was es heißt
zu leiden und Asche zu essen
du weißt es von deinem eigenen langen Leid her
das dir eingegraben ist
tief wie die Furchen und Falten
die die Zeit gezogen hat
durch ein altes Gesicht

Darum sollst du nun endlich
auch wissen von den Leiden
derer die du selbst leiden gemacht hast
und darum sollst du nicht warten
und sollst ihre Leiden
die du gesät hast
nicht begießen mit neuem Leid
bis sie wachsen und dir
vielfache Ernte tragen
reichlicher als du sie einbringen kannst
in dein Haus

Komm
bevor es zu spät ist
du altes Volk!
Sei nicht zu alt zur Einsicht
sei nicht zu alt zur Umkehr!
Oder müssen sich erst die Ecksteine deines Hauses
umkehren unter den Schlägen
die dich zertrümmern?

DIE HÖHERSTEHENDEN

Das Entsetzliche ist
daß sie kein Entsetzen fühlen:
Die Vertriebenen ,
. die den Knochenöfen entgangen sind
tun sich zusammen
um andere zu vertreiben
die zwar nicht mitschuldig waren
an ihrer Vertreibung
doch deren Vertreibung ihnen
jetzt günstig scheint

Und von denen die gestern
sie selbst vertrieben haben
verlangen sie als Beweis ihrer Wandlung Hilfe
mit Geld oder neuen Waffen
bei ihrem heiligen Ziel
der Vertreibung der andern

Und sie klagen
daß diese Andern rachsüchtig sind
und sie nicht anerkennen
als höherstehend
Und die nicht vertrieben sein wollen
die sperren sie ein
oder erschießen sie
oder sengen sie mit Napalm

Und sie sagen:
„Uns hat man auch nicht besser behandelt
und die anderen sollen froh sein
daß wir nicht tun was man uns tat
Wir vertreiben sie
denn uns hat man auch vertrieben
aber wir haben
noch keine
Knochenöfen gebaut!“

MOSHE DAYAN: AUS ANSPRACHEN AN DIE STUDENTEN DES TECHNION

Alle unsere Siedlungen
sind erbaut
auf den Ruinen
palästinensischer Dörfer

Ja wir haben sie nicht nur
ausradiert bis auf den Boden
sondern auch ihre Namen aus den
Geschichtsbüchern ausradiert

Sie haben also
ihre triftigen Gründe
für den Kampf
den sie gegen uns führen

Unser Problem ist nicht
wie wir sie loswerden sollen
sondern wie wir
mit ihnen leben können

Wenn ich selbst
ein Palästinenser wäre
ich wäre wahrscheinlich ein Kämpfer
in Al Fatah

VORSCHLAG AN DIE NEUESTEN FREUNDE

Seit dem Öl-Stop
haben die Mächte der EWG
darunter die Bundesrepublik
ihr volles Verständnis
für die Rechte der Palästinenser
entdeckt

Um dieses neue Verständnis gebührend zu feiern
wäre es denkbar
daß alle Amtspersonen
die verantwortlich waren
für die Schüsse von Fürstenfeldbruck
und für die Abschiebung
Hunderter Palästinenser
eine Sühnekette
um den Hals tragen
mit der Aufschrift
Tätige Reue
und daß sie
wenn nötig mit Einsatz
der von ihnen geschaffenen
Scharfschützen-Sonderkommandos
die Wiedereinladung
der ausgewiesenen Palästinenser
in die Bundesrepublik Deutschland durchsetzen
und die Wiedergutmachung an ihnen
durch Gelder die bisher
als Entwicklungshilfe den Zionisten zufließen

Doch ihre gestrigen
und vorgestrigen Todesopfer
sollten diese neuesten Freunde ausgraben lassen
und Wiederbelebungsversuche anstellen
und falls diese nichts helfen
sollten sie sich
zum Zeichen ihrer Reue
nicht mehr in ihre Büros begeben sondern
in ihrer Amtszeit in offene Särge legen

Dann wird man ihnen
ihr neuentdecktes Verständnis
für die Rechte der Palästinenser
wirklich glauben

RICHTIGE FALSCHMELDUNGEN

Moshe Dayan
hat Allende erschossen.
Nixon foltert
die politischen Gefangenen der BRD

Die chilenische Junta
hält Athen und Nordirland besetzt.
Hussein herrscht in Tel Aviv
Golda Meir in Saigon

Genscher will auch mitschießen.
Seine Sonderkommandos
warten einsatzbereit
Die Hubschrauber wiehern gesattelt

Die freiheitlich-demokratische
Grundordnung wird verteidigt
wo auch immer
gleichviel mit welchen Mitteln

EIN MA-ALOT-LIED

Was heißt Ma-alot?
Aufstieg oder Treubruch
Tonleiter Eskalation oder Himmelfahrt?
Zu welcher Weise singt man
das Lied von Ma'alot?
zur Weise Davids
oder zur Weise Dayans

der seine Gefangenen
nicht freigeben wollte
der das Halten eines Versprechens verhindert hat
und der so
das Weiterleben verhindern half
von Kindern und Frauen
von Männern auf beiden Seiten?

Maalot-Lied, Untertitel mehrerer Psalmen. Das hebräische Wort besitzt alle im 1. Vers angesprochenen Bedeutungen. Hier auch Anspielung auf den Ortsnamen. Geschrieben nach dem Massaker von Maalot, Frühling 1974.

KEINE ABRECHNUNG

Den Tod der Frauen und Kinder
von Ma'alot
von Kirjat Schmona
und Naharija
kann nichts beschönigen
auch nicht der zehnfache Tod
durch Israels Luftangriffe
auf Flüchtlingslager

Und Israels Luftangriffe
auf palästinensische Flüchtlingslager
kann nichts rechtfertigen
auch nicht der Tod
der Frauen und schuldlosen Kinder
von Ma'alot
von Kirjat Schmona
und Naharija

Ohne die Halsstarrigkeit
der Zionisten
wären die Kinder und Frauen
auf beiden Seiten nicht tot
Könnten die Frauen und Kinder
auf beiden Seiten noch leben
ohne die Halsstarrigkeit
der Palästinenser?

Die Rechnung geht nicht auf
denn Vertriebene müssen vielleicht
halsstarriger sein als Vertreiber
um leben zu bleiben
denn die Vertreiber leben
an der Vertriebenen Stelle
und nicht die Vertriebenen
an der Stelle ihrer Vertreiber

VERGESST NICHT!

Die Türken waren
eure Unterdrücker
aber Nazim Hikmet war Türke
und war nicht euer Unterdrücker.
Vergeßt nicht: es war kein Kampf
gegen alle Türken

Die Israelis
sind eure Unterdrücker
aber Mordechay Avi Shaul
und Israel Shahak
sind Israelis
und sind nicht eure Unterdrücker.
Vergeßt nicht: es ist kein Kampf
gegen alle Israelis

Die Imperialisten
sind eure Unterdrücker
aber die Imperialisten
haben keinen Israel Shahak
keinen Mordechay Avi Shaul
und keinen Nazim Hikmet.
Vergeßt nicht: es ist ein Kampf
gegen alle Imperialisten

TOR DER HOFFNUNG

Petach Tikwa
deine Orangenhaine
müssen weit offenstehen
den Palästinensern
zur Arbeit und zum Genuß
und nicht nur den Siedlern
die ihre Kolonie
nannten das Tor der Hoffnung

Das Tor steht offen
aber ein Mann vom Lande
wartet auf einem Schemel
und geht nicht hinein
denn der Türhüter
steht ihm im Weg und lacht
und droht ihm mit seiner Stärke
bis der Mann stirbt

Männer vom Lande
laßt euch nicht draußen halten
Das Tor ist eures
Wenn ihr sterbt wird es zugemacht.
Für euch der Pardeß*
des Lebens und der Erkenntnis
Kriecht nicht im Staube
Nehmt keinen Schemel an

Petach Tikwa
du bist erst wieder ein Tor
der Hoffnung auf Recht im Land
wenn kein Türhüter Landeskinder
draußen hält
und sterben läßt auf dem Schemel
wenn keiner mehr sitzt und wartet
auf das was sein Recht ist

Männer vom Land
hinein in das Tor der Hoffnung
zur Arbeit und zum Genuß
nicht nur für Siedler!
Erst wenn alle
die offenen Tore einrennen
wird Petach Tikwa
ein Tor der Hoffnung sein

Der Mann vom Lande bezieht sich auf die Landeskinder und auf das Gleichnis von Kafka, „Das Tor zum Gesetz“

Petach Tikwa (deutsch: Tor der Hoffnung), eine der ältesten zionistischen Kolonien in Palästina. Bekannt durch seine großen Orangenpflanzungen (*Pardeß = Orangenhain). Der Kampf um den Pardeß, also die Verdrängung arabischer Arbeit durch jüdische, war der Anfang des zionistischen Feldzuges zur ökonomischen Ausschaltung der Palästinenser. Land, das dem jüdischen Nationalfond gehört, darf nach der Satzung weder an Araber verpachtet werden, noch dürfen Araber darauf arbeiten.

Neuere Gedichte

NACH EINEM ABKOMMEN ZWISCHEN SADAT UND DEN ZIONISTEN

Der Friede der kein Friede ist
vermittelt
von einem Friedensstifter
der kein Friedensstifter ist
zwischen dem Erben Nassers
der kein Erbe Nassers ist
und einer Demokratie
die keine Demokratie ist
zum Wohl der Ägypter
das nicht das Wohl der Ägypter ist
und zum Wohl der Juden
das nicht das Wohl der Juden ist
bringt eine Versöhnung
die keine Versöhnung ist
und verspricht eine Zukunft
die keine Zukunft ist
und will eine Hoffnung erwecken
die keine Hoffnung ist
auf ein Palästina
das kein Palästina ist

Das Unrecht
ist immer noch Unrecht
Der Rassismus der Zionisten
ist immer noch Rassismus
Die Vertriebenen
sind immer noch vertrieben
Ihre zerstörten Dörfer
sind immer noch zerstört
Ihre gerechte Sache
ist immer noch gerecht
und ihre Hoffnung
ist immer noch die Hoffnung

Aus: Zur Zeit und Zur Unzeit, Bund-Verlag, Köln 1981

BEGIN SPRICHT

Begin spricht
und er spricht
als Staatsmann
und will gehört sein
Wer hört zu?
Vielleicht Sadat
und vielleicht
Hussein

Aber was heißt das?
Was heißt es
wenn Begin spricht?
Das heißt daß der Mörder spricht
der Mörder von Deir Yassin
vom King David Hotel der Mörder
der Mörder von vielen hundert
Frauen und Kindern und Männern
von Jahr zu Jahr mehr
Und nun ist er
der Mörder von Libanon

Menachem Begin spricht:
Der Mörder spricht vom Frieden
Der Mörder spricht von Recht und Gerechtigkeit
(Das heißt er will alles festhalten was er umklammert)
Menachem Begin spricht:
Der Mörder spricht von der Zukunft

Wer hört zu?
Vielleicht Sadat
und vielleicht
Hussein –
Und was hören sie?
Was enthalten die Worte des Mörders?

Der Mörder spricht von der Zukunft
aber er hat keine Zukunft:
Der Weg von Deir Yassin
zu den Toten von Libanon
war viele Jahre länger als der Weg
von Libanon sein wird
zum Grab des Menachem Begin

Und unser Weg von heute
zum freien Palästina
wird kürzer sein als der Weg
der letzten dreißig Jahre
ja: kürzer als der Weg
von Deir Yassin bis hierher

Aus: Zur Zeit und zur Unzeit, Bund-Verlag, Köln 1981

DIE NACHFOLGER

Weil christliche Faschisten
zu Hitlers Zeit in Europa
Juden getötet haben
bewaffnen im Libanon heute
Zionisten die Falangisten
die so christlich sind
und so faschistisch
wie damals die Judenmörder

Weil faschistische Mörder
Juden vertrieben haben
sollen jetzt faschistische Mörder
die Palästinenser
die unschuldig waren
am Tod der Juden Europas
so ermorden wie damals
die Juden ermordet wurden

Weil es Juden und Linke gibt
die das Wahnsinn nennen
und den Mördern nicht helfen wollen
bezeichnen die Zionisten
diese Linken als Nazis
und die antifaschistischen Juden
als „jüdische Antisemiten“
und „Verräter am eigenen Blut“

Aus: Zur Zeit und zur Unzeit, Bund-Verlag, Köln 1981

BERICHTIGUNG

Man hat mir geschrieben
ich als Schriftsteller dürfe
doch Begin und seine Kollegen
nicht Mörder nennen
Ich sei doch selbst ein Jude
und kenne mich aus mit Worten
und ich solle doch einsehen
die Bezeichnung sei ungerecht

Ich habe darüber nachgedacht
denn ich habe
als Schriftsteller wirklich schon Mörder kennengelernt
in Strafanstalten und nach Verbüßung der Strafen
Die hatten aus Eifersucht gemordet oder aus Rache
und fast immer auf Grund eines kurzfristigen Verlustes
ihres seelischen und geistigen Gleichgewichts
und die wenigsten hatten mehr als einen Menschen ermordet
und die meisten hatten Gewissensbisse

Als Schriftsteller, der sich mit Worten auskennt und
als Jude den diese Sache nahe betrifft
fühle ich es wäre wirklich ein Unrecht
es mit dem Wort Mörder nicht von nun an genauer zu nehmen

Ich werde also Begin und seinen Minister Shamir
und seine Generäle Sharon oder Eitan und Baum
(und ihre Hintermänner die nicht nur Juden sind
und nicht in Israel leben
sondern meist westlich des Ozeans)
in Zukunft nicht Mörder nennen
sondern nur Massenmörder

EIN JUDE AN DIE ZIONISTEN

Freut euch erstens, daß unsere Toten so tot sind,
denn sonst könnten sie euch laut sagen, was sie von euch halten,
ihr zu Mördern gewordenen Söhne der Opfer unserer Mörder
die ihr euch verbündet mit Mördern gegen euerer Mordopfer Kinder

Und freut euch, daß die Mörder unserer Eltern
die Herzen der Welt so gewöhnt haben an das Morden
daß die Herren der halben Welt heute eueren Morden und Lügen
wohlwollend zusehen können und kaum zum Schein protestieren

Und freut euch, daß euer eigener Martin Buber schon tot ist
denn der hat noch knapp vor seinem Tode gesagt
daß ihr nicht die Jünger der alten jüdischen Weisheit
nein, nur die Schüler von Hitler geworden seid

Und freut euch auch, daß es keinen Bert Brecht mehr gibt
denn was der euch gesungen hätte zu eurem Unrecht
das würde der Welt und euch noch lang in den Ohren klingen
ja, länger als eure Unrechtherrschaft noch währt

Aber freut euch rasch, denn eure Freude wird kurzlebig sein
wie die Freuden anderer Tyrannen und Mörder
und dann werden Palästinenser und Juden in Frieden zusammenleben
und werden Gott danken, daß es keinen Zionismus mehr gibt

ZU ISRAELS LIBANONKRIEG

Einige Kritiker sagten mir:
„Zugegeben
was Begin und Scharon
getan haben
das ist ganz furchtbar
aber als Juden sollten wir unsre Kritik
nur unter uns anwenden
und nicht nach außen tragen“

„Das kann ich gut verstehen“
erwiderte ich
„und will es befolgen
wenn sie ihre Splitterbomben
und Artilleriegeschosse
und ihren brennenden Phosphor
nur unter sich anwenden
und nicht nach außen tragen“

DIAGNOSE

Man nannte es
„das Symptom“
in den Krankenhäusern Beiruts

Das hieß
daß aus dem Mund
noch atmender
Frauen und Kinder
Rauch kam
weil der Phosphor
der Phosphorbomben
sich eingefressen hatte
durch Haut und Fleisch
in die Lunge
die nun innen
brannte
und rauchte
(auch nach dem Tod noch)

Dieses Symptom
sollte man nicht übersehen
bei der Diagnose
eines Begin
oder Sharon

DIE BULLDOZER

Bulldozer in Israel
haben ihre Verbundenheit
mit den israelischen Bulldozern in Beirut
bestätigt
die dort versucht haben
Leichen
der ermordeten Palästinenser
zu verscharren unter den Trümmern
ihrer Quartiere

Es wurde jetzt gemeldet
daß mitten in Israel
der Gedenkfriedhof
der Toten von Deir Yassin
von Bulldozern
zum Teil zerstört worden ist
„Keine Absicht" heißt es:
„Ein Versehen bei Bauarbeiten"

Auch die Ermordung
der Menschen
in Sabra und Shatila
soll bekanntlich nur
ein Versehen gewesen sein
bei der Arbeit am Bau
einer zionistischen Großmacht

Aus: Es ist was es ist, Wagenbach, 1983

Deir Yassins Bewohner wurden 1948 von Begins Freischärlern ermordet (über 250 Tote, meist Frauen, Kinder, alte Männer); Sabra und Shatila waren die zwei in Beirut durch ein Massaker vernichteten palästinensischen Flüchtlingslager

WAS DER WALD SAH

„und ich begehre/nicht Schuld daran zu seyn
Matthias Claudius

Ich bin schuldlos
wenn in Polen das Militär
den Kriegszustand ausruft
und zwanzig Menschen sterben
und wenn hinten in der Türkei
das Militär
den Kriegszustand ausruft
und Zwanzigtausend sterben
und wenn ich beides hinnehme
und nichts sage:
Ich bin der Wald
der dasteht schwarz
und schweiget

Und wenn jene Machthaber
die nur die Machthaber Polens verdammen
mit neuem Mut jedes Streben
nach Frieden verleumden
und die Machthaber in Guatemala
und in El Salvador unterstützen,
von Chile bis zur Türkei
von Pol Pot bis zu Marcos und Begin
dem Mörder der Palästinenser
und bis zu den Männern Suhartos
die auf Timor Zehntausende
vom Leben zum Tode bringen –
und wenn ich das alles hinnehme
und nichts sage
bin ich schuldlos:
Ich bin der Wald
der sich selbst nicht sieht
vor lauter Bäumen.

Und wenn ich mein rechtes Aug schließe
und nur mit dem linken sehe
und wenn ich mein rechtes Aug öffne

und das linke zuhalten will
und wenn ich nur klage
über das auf der einen Seite
oder nur klage
über das auf der anderen Seite
oder beide Seiten gleich anklage
immer nur ausgewogen,
als wären hunderttausend Tote
dasselbe wie hundert Tote
so bin ich schuldlos
denn ich sage nur
was man mir vorsagt:
Ich bin der Wald
aus dem es widerhallt
wie man hineinruft

Und wenn ich verzweifle
und nur mit den Achseln zucke
und wenn ich nicht untersuche
woher das Unrecht
der einen Seite kommt
und das Unrecht der anderen Seite
und wenn ich glaube
das Unrecht der einen Seite
macht das Unrecht der anderen Seite gering
und wenn ich glaube
das Unrecht der anderen Seite
rechtfertigt das Schweigen
zum Unrecht der einen Seite
wenn ich nicht sehen will
daß die Taten der einen Seite
das Saatgut sind
für die Taten der anderen Seite
dann kommt es nicht mehr darauf an
ob ich schuldig bin oder schuldlos:
Ich bin der Wald
von dem nichts übrig sein wird
als die Asche

Aus: Es ist was es ist, Wagenbach, 1983

NACH DEM MASSENMORD IN DEN FLÜCHTLINGSLAGERN SABRA UND SHATILA

1.
Es wird notwendig sein,
den Schutt von den Herzen und Hirnen
der Menschen in Europa
und Amerika zu entfernen,
so wie der Schutt und die Trümmer entfernt werden mußten
von den Leichen der Frauen und Kinder und alten Männer
in den beiden palästinensischen Flüchtlingslagern
Sabra und Shatila in Beirut,
die Israels Truppen – nach ihren eigenen Worten –
in die Hand der christlichen Falangisten gegeben hatten.
Und außer denen kamen die christlichen Truppen Haddads,
die Helfer Sharons, aus dem Süden heraufgeholt,
mit dem Zeichen der Zeder an ihren Uniformen.

2.
Falangisten, die Kontakt unterhielten
zu Israels Offizieren, und Milizionäre Haddads,
wer immer sie waren – sie befahlen den Menschen im Lager,
sich aufzustellen in Reihen,
und dann erschossen sie sie
in Zehnergruppen und auch in größeren Gruppen
– Frauen und Kinder und Männer –
sie waren nicht wählerisch.
Manche verstümmelten sie auch noch
vor oder nach dem Tod.
Und andere schossen sie nieder, als sie aus ihren Türen
fliehen wollten, um ihr Leben zu retten.

3.
Tausende Menschen haben sie so erschossen
und viele Leichen auf Lastkraftwagen verladen
und verschleppt – und viele an Ort und Stelle
mit Bulldozern zugeschüttet und verscharrt unter Schutt und Trümmern
ihres eigenen vernichteten Lagers.

So haben sich vielleicht diese christlichen Truppen
ihrer Christenpflicht zum Begraben der Toten erinnert.
Man kann nur sagen „vielleicht" denn die Tat ist noch nicht lange her. –
Feststeht, daß die Bulldozer israelische Bulldozer waren,
bereitgestellt von General Sharon
und vielleicht waren die, die sie handhabten, auch Israelis.
Feststeht daß die Bulldozer kamen, sowie das Morden vorbei war,
und einen Teil der Ermordeten unsichtbar machten.
Wer die Totengräber waren, das ist noch nicht sicher,
aber sicher ist, daß im Lager diese christlichen Truppen,
seit Jahren von Israel besoldet und ausgerüstet,
und mitgebracht von Sharon bei seiner Besetzung Beiruts,
gemordet haben mit ihren verläßlichen Waffen.

4.
Das waren die Christen,
von denen Menachem Begin
gesprochen hat, als er den Papst kritisierte,
weil er Yassir Arafat empfangen hatte.
„Weiß denn der Papst nicht" fragte Menachem Begin
„daß seine Palästinenser auch schießen auf Christen?"

5.
Nach dem Sprachgebrauch Begins hätte man auch auf Hitler
und seine Mordkommandos nicht schießen dürfen,
und auch nicht auf Pavelics kroatische Ustaschi,
die ihren Opfern zuerst die Augen ausrissen
und sie dann christlich tauften –
und dann in den Abgrund warfen,
denn auch die sind solche Christen gewesen.

6.
Israelische Truppen nahmen – so sagen sie –
nicht Teil an diesen Massakern
sondern sahen nur teilnahmslos zu
vom Rande der Lager, die sie den Falangisten überlassen hatten
„zur Wiederherstellung der Ordnung",
jener Ordnung, die sie dann zum Teil wieder herstellen halfen
mit ihren Bulldozern, die einen Tejl der Toten versteckten.
Und selbst Israels eigene Untersuchung hat dann ergeben,

daß die Befehlshaber der Falangisten
das Morden vom nahen Dach des Hauses geleitet haben,
in dem die Israelis ihr Stabsquartier hatten,
und daß Israels Offiziere daneben standen
und mit ihren Feldstechern das Morden im Lager sahen
und hörten die Funksprüche zwischen den Falangisten unten und ihren Kommandanten oben bei ihnen, mit denen sie lachten.

7.
Angenommen, es wäre auf allemmz IN U.S.A.?

8.
Auch anderer Länder Waffen
tun Unrecht in dieser Welt,
und arm ist jede Zeit, in welcher der Menschen Umgang
nur hängt an Waffen oder beruht auf ihnen.
Doch diese Waffen haben in dieser Zeit
weit mehr Blut vergossen, und schuldloses Blut, oder doch
schuldloseres. Denn aller Menschen Schuld
ist längst bekannt und leider längst eine Phrase,
und macht nicht die geringe Schuld der ungeheueren gleich
(So verteidigen sich nur Mörder!). Und nicht geziemt es der Hand,
die raucht von frischem oder kaum erst trocknendem Blut,
zu zeigen mit braun verkrustetem Finger auf andere Hände,
um zu sagen: „Auch die waren nicht rein.“

9.
Es gibt heute Israelis, die alles leugnen
oder sagen: „Unsere Truppen haben die Falangisten
ins Lager gerufen, nur um die Terroristen,
palästinensische und libanesische, zu ‚entfernen‘,
und haben ihnen nur einzig zu diesem Zweck
Deckung gegeben von außen mit unseren Panzern,
und haben die Lager selbst gar nicht betreten“.
Oder sie sagen: „Als wir dann schließlich bemerkten,
daß die Sache außer Kontrolle geraten könne,
da haben wir ja versucht, sie zurückzurufen,
sogar mit Lautsprechern, aber da hatten sie schon

einige Hundert erschossen. Doch immerhin
wurden auf diese Weise viel weniger getötet,
als wenn wir nicht nach Beirut gekommen wären." –
Solche Argumente geben sich selbst ihre Antwort
und es ist schwer, die so reden, nicht zu vergleichen
mit Menschen vor einiger Zeit und in einem anderen Land,
die ebenfalls Untaten leugnen oder beschönigen wollten.

Und andere Israelis haben in Israel auf der Straße
demonstriert gegen diese Morde und wurden von Anhängern Begins
mit Handgranaten ermordet oder verwundet
und angeschrien: „Wir machen ein Sabra und ein Shatila aus euch!"

10.
Es wird notwendig sein,
so wie man den Schutt und die Trümmer
von den ermordeten Palästinensern wegfegen muß –
um sie freizulegen in Sabra und in Shatila –
auch Schutt und Trümmer von den Hirnen und von den Herzen
der Menschen in Europa
und Amerika wegzufegen,
den Schutt und die Trümmer alter Lügen und Vorurteile
die jetzt zerschmettert wurden
von der unerträglichen Wahrheit,
damit endlich die Mörder
weggefegt werden können

und auch ihre Hintermänner,
gleichviel, wo sie heute sitzen
und wie sie sich nennen,
ob Christen oder ob Juden
und auch einzelne Muslimun,
die diesen Mördern helfen.

EIN JUDE AN DIE ZIONISTISCHEN KÄMPFER, 1988

Was wollt ihr eigentlich?
Wollt ihr wirklich die übertreffen
die euch niedergetreten haben
vor einem Menschenalter
in euer eigenes Blut
und in euren Kot?

Wollt ihr die alten Foltern
jetzt an andere weitergeben
mit allen blutigen dreckigen Einzelheiten
mit allem brutalen Genuß der Folterknechte
wie eure Väter sie erlitten haben?

Wollt jetzt wirklich ihr die neue Gestapo sein
die neue Wehrmacht
die neue SA und SS
und aus den Palästinensern
die neuen Juden machen?

Aber dann will auch ich
weil ich damals vor fünfzig Jahren
selbst als ein Judenkind gepeinigt wurde
von euren Peinigern
ein neuer Jude sein mit diesen neuen Juden
zu denen ihr die Palästinenser macht

Und ich will sie zurückführen helfen als freie Menschen
in ihr eigenes Land Palästina
aus dem ihr sie vertrieben habt
oder in dem ihr sie quält
ihr Hakenkreuzlehrlinge

ihr Narren und Wechselbälge der Weltgeschichte
denen der Davidstern auf euren Fahnen
sich immer schneller verwandelt
in das verfluchte Zeichen mit den vier Füßen
das ihr nur nicht sehen wollt
aber dessen Weg ihr heute geht

FRAGEN IN ISRAEL

In einer ungerechten Welt
gerecht sein
ist schwer
wenn man sein will.
Rabbi Hillel hat schon gefragt
vor 2000 Jahren:
„Wenn nicht ich für mich bin
wer denn ist für mich?“

Aber nur noch selbstgerecht sein
weil andere ungerecht waren
(und das waren nicht die
gegen die man jetzt selbstsüchtig ist)?
Rabbi Hillel hat schon gefragt
vor 2000 Jahren:
„Doch wenn ich nur für mich bin
was bin ich?“

Heute fragen das Viele in Israel:
„Wenn wir nicht auch für die Palästinenser sind
was sind wir?
Welcher Feinde verspätetes Spiegelbild
sind wir dann?“
Aber andere sagen: „Das ist Zukunftsmusik
Nichts für heute“
Rabbi Hillel hat schon gefragt
vor 2000 Jahren:
„Und wenn nicht jetzt
Wann?“

WORAUF ES ANKOMMT

Es kommt im Augenblick
nicht darauf an
wann es war
daß die Unterdrückerregierung
in Israel
sich verwandelt hat
in eine Verbrecherregierung

Aber es kommt darauf an
zu erkennen
daß sie jetzt eine
Verbrecherregierung ist

Es kommt auch nicht mehr
darauf an
darüber zu streiten
nach welchem Vorbild
sie ihre Verbrechen begeht
Diese Verbrechen selbst
tragen sichtbar die Spur ihres Vorbilds

Aber es kommt darauf an
nicht nur klagend oder erstaunt
den Kopf zu schütteln
über diese Verbrechen
sondern endlich
etwas dagegen zu tun

Es kommt nicht darauf an
was man ist
Moslem, Christ, Jude, Freigeist:
Ein Mensch
der ein Mensch ist
kann nicht schweigen
zu dem was geschieht